www.ingramcontent.com/pod-product-compliance
Lightning Source LLC
LaVergne TN
LVHW010610070526
838199LV00063BA/5124
* 9 7 8 9 3 5 8 7 2 4 8 5 1 *

کچھ علمی و دینی کتب

کا تعارف

(تبصرہ و تجزیہ)

مرتبہ:
عبدالمتین منیری

© Taemeer Publications LLC

Kuch Ilmi-o-Deeni Kutub ka Ta'aruf

by: Abdul Mateen Muniri
Edition: March '2024
Publisher :
Taemeer Publications LLC (Michigan, USA / Hyderabad, India)

ISBN 978-93-5872-485-1

مرتب یاناشر کی پیشگی اجازت کے بغیر اس کتاب کا کوئی بھی حصہ کسی بھی شکل میں بشمول ویب سائٹ پر اَپ لوڈنگ کے لیے استعمال نہ کیا جائے۔ نیز اس کتاب پر کسی بھی قسم کے تنازع کو نمٹانے کا اختیار صرف حیدر آباد (تلنگانہ) کی عدلیہ کو ہو گا۔

© تعمیر پبلی کیشنز

کتاب	:	**کچھ علمی و دینی کتب کا تعارف**
مرتب	:	**عبدالمتین منیری**
بہ تعاون	:	علم وکتاب ٹیلی گرام چینل (ایڈمن: عبدالمتین منیری)
پروف ریڈنگ / تدوین	:	مکرم نیاز
صنف	:	تبصرہ و تجزیہ
ناشر	:	تعمیر پبلی کیشنز (حیدرآباد، انڈیا)
سالِ اشاعت	:	۲۰۲۴ء
صفحات	:	۷۲
سرورق ڈیزائن	:	تعمیر ویب ڈیزائن

فہرست

(۱)	یہ تھے اکابر مظاہر	عبد المتین منیری	6
(۲)	کتب لغت کا تحقیقی ولسانی جائزہ (جلد دوم)	عبد المتین منیری	15
(۳)	اثر التشیع علی الروایات التاریخیۃ فی القرن الاول الھجری	عبد المتین منیری	19
(۴)	پروفیسر ہارون الرشید - حیات وخدمات	محمد سہیل شفیق	24
(۵)	مسئلہ فلسطین	محمد سہیل شفیق	27
(۶)	مولانا محمد عثمان فارقلیط - صحافی، مناظر، مفکر	ضیاء الحق خیر آبادی	31
(۷)	لوگ جہاں میں۔۔۔ اچھے	عمران ظہور غازی	40
(۸)	نبی ﷺ ہمارے (منظوم سیرتِ پاک ﷺ)	محمد سہیل شفیق	43
(۹)	نقاط ۱۹ (خصوصی شمارہ: جولائی ۲۰۲۳ء)	عرفان جعفر خان	47
(۱۰)	محمد ﷺ سے وفا	محمد سہیل شفیق	50
(۱۱)	اسپین: اقبال کا دوسرا خواب	محمد سہیل شفیق	53
(۱۲)	نعت نامے بنام صبیح رحمانی	ڈاکٹر داؤد عثمانی	55
(۱۳)	حدیث پر مستشرقین کے اعتراضات کا تحقیقی جائزہ	محمد سہیل شفیق	59
(۱۴)	جب حضورؐ آئے	عرفان جعفر خان	62
(۱۵)	الدین والحیاۃ	عبد المتین منیری	65
(۱۶)	دستور مدینہ اور فلاحی ریاست کا تصور	محمد سہیل شفیق	69

یہ تھے اکابر مظاہر: مفتی ناصر الدین مظاہری

مبصر: عبدالمتین منیری

نام کتاب: یہ تھے اکابر مظاہر

مصنف: مفتی ناصر الدین مظاہری۔ استاد جامعہ مظاہر علوم (وقف)، مدیر ماہنامہ آئینہ مظاہر علوم، سہارنپور۔

صفحات: ۱۹۲

ناشرین: (۱) مکتبہ تراث الادب، خانیوال (پنجاب۔ پاکستان)۔

(۲) مکتبۃ الانور۔ دیوبند (سہارنپور۔ انڈیا)

اللہ تعالی جب کسی نیک کام کی توفیق دینا چاہئیں تو اس کے لئے ایسے اسباب پیدا کرتے ہیں، جو کبھی سان وگمان میں بھی نہیں آتے، آج کی سوشل میڈیا کے دور میں واٹس اپ کوئی ایسی چیز نہیں جسے اہل علم سنجیدگی سے لیں، اور اس پر اپنا وقت صرف کرنے کو کار عبث نہ سمجھیں، لیکن علم وکتاب گروپ کے نام سے جو واٹس گروپ قائم ہوا، اور برصغیر کے مختلف مرکزی دینی تعلیمی اداروں، اور مختلف دینی تحریکات سے وابستہ افراد، اور علم ادب سے وابستہ دانشور جب اس میں اکٹھے ہوئے، اور اس میڈیم کو استعمال کرنے کے لئے خود پر کئی ایک پابندیاں عائد کیں تو اللہ کے فضل سے یہ کئی ایک علمی وادبی کاموں کی تحریک کا سبب بن گیا۔

عام طور پر دیکھا یہ گیا ہے کہ جو قلمکار روازنہ کے معمول سے لکھنے کا خود کو پابند کرتے ہیں، ان کی چند ایک تحریریں دلوں میں وہ حرارت پیدا کر پاتی ہیں جو کسی تحریک کی بنیاد پر جنم لیتی ہیں، اور جن کی ایک قلم کار کو تمنا ہوتی ہے، کیونکہ خانہ پری کے لئے ان میں بھرتی کی چیزیں بھی لادنی پڑتی ہیں، لہذا ان میں کبھی کبھار آمد کے بجائے آورد کا شائبہ ہونے لگتا ہے، لیکن جب کوئی تحریر کسی تحریک کے نتیجہ میں نکلتی ہے، اور قلم کار کو اس کا احساس ہوتا ہے کہ اسے علم ودانش سے وابستہ ایک سنجیدہ طبقہ پڑھ بھی رہا ہے، اور اس کی ان تحریروں کا منتظر بھی رہتا ہے، تو پھر اس احساس کے نتیجہ میں جو تحریر قلم سے نکلتی ہے، وہ دلوں کے تاروں کو چھیڑنے والی، اور جذبات کو مہمیز کر دینے والی ہوتی ہے۔ کچھ ایسی ہی تحریروں کا مجموعہ (یہ تھے اکابر مظاہر) کے نام سے ہمارے سامنے ہیں۔ جو دلچسپ بھی ہے اور دلوں کو جھنجھوڑنے والی بھی۔

بنیادی طور پر یہ ان تحریروں کا مجموعہ ہے جو برصغیر کی ایک عظیم دینی درسگاہ مدرسہ مظاہر علوم سہارنپور کے استاد اور وہاں سے جاری مجلے آئینہ مظاہر علوم کے مدیر مولانا مفتی ناصر الدین مظاہری صاحب نے علم وکتاب واٹس اپ گروپ کے ممبران کی خواہش پر لکھنی شروع کی تھیں۔ ان تحریروں کی خصوصیت یہ ہے کہ ان میں بے ساختگی کا پہلو غالب ہے، جو کسی ادبی وتاثراتی تحریر کی ایک بہترین خوبی ہے۔ یہ تحریریں کیسے وجود میں آئیں ان کے بارے میں مصنف سے احوال سنئے، فرماتے ہیں کہ:

((گروپ میں لکھتے وقت میرے پیش نظر کوئی مستقل ترتیب نہیں تھی، چلتے پھرتے، بسوں، ٹرینوں پلینوں اور اکثر وبیشتر رات کے کسی بھی حصہ میں جو بھی واقعہ جہاں یاد آگیا، فوری طور پر موبائل سے ہی لکھ کر گروپ میں شیئر کر دیا گیا))۔

فن خطابت کے سلسلے میں کہا جاتا ہے کہ بہترین خطیب بننے کا طریقہ یہ ہے جب وہ

کسی موضوع پر تقریر کا ارادہ کرے تو جن خیالات اور افکار کی چلتے پھرتے آمد ہوتی ہے، انہیں وہ فوراً قلمبند کرکے محفوظ کرتا چلا جائے ہے، پھر ان افکار وخیالات کی تحقیق و تدوین اور کانٹ چھانٹ کا کام کرتا رہے۔

امریکی صدر ابراہام لنکن کے سوانح نگاروں نے اسے انگریزی کے چوٹی کے خطیبوں میں شمار کیا ہے، اور اس کی تقاریر کی ترتیب اور طریقہ کار کے بارے میں لکھا ہے کہ وہ چلتے پھرتے جو خیالات و افکار اس کے ذہن میں آتے انہیں محفوظ کرتا چلا جاتا، اور اپنی تقریر سے پہلے ان کی کانٹ چھانٹ کرتا، اس سے اسے تقریر کے وقت موضوع کے بارے میں سوچنے کی ضرورت پیش نہیں آتی تھی، بہترین ادبی وفکری تحریریں بھی کچھ اسی طرح ظہور پذیر ہوتی ہیں، کیونکہ کسی تحریک سے ایک مرتبہ جو بات ذہن میں آتی ہے، ضروری نہیں کہ ہمیشہ بوقت ضرورت سوچنے پر وہ یاد بھی آئے۔ اس مجموعہ کے مصنف نے بھی کچھ یہی انداز اپنے اس مجموعے میں اپنایا ہے۔

یہ مجموعہ برصغیر کے مشہور ومعروف دینی تعلیمی ادارے مدرسہ مظاہر علوم سے وابستہ اساتذہ واکابر کی زندگی کے منتشر واقعات ومشاہدات سے تعلق رکھتا ہیں۔

برصغیر کے اہل علم کی زبانوں پر جب دارالعلوم دیوبند کا ذکر آتا ہے تو اس کے ساتھ مدرسہ مظاہر علوم سہارنپور کا نام بھی خود بخود آجاتا ہے، لیکن اول الذکر سے وابستہ شخصیات جتنی تعداد میں مشہور ومعروف ہیں اتنی آخر الذکر کی نہیں ہیں، یہ مدرسہ حضرت مولانا خلیل احمد سہارنپوری، حضرت شیخ الحدیث مولانا محمد زکریا کاندھلویؒ، مولانا محمد یونس جونپوریؒ جیسے چند ایک بڑے ناموں سے ہی زیادہ معروف ہے، لیکن اس سے نسبت رکھنے والے علم وتقوی کے آسمان کے آفتاب وماہتاب اپنی تعداد میں اس تعداد سے کہیں گنا زیادہ ہیں۔ جس کا اندازہ اس کتاب سے ہوتا ہے۔

جن لوگوں نے تاج محل دیکھا ہے، انہوں نے محسوس کیا ہو گا، کہ جب اس کے احاطہ میں داخل ہوتے ہیں تو دور سے کچھ خاص نظر نہیں آتا، لیکن جب اس کے بیرونی گیٹ میں داخل ہوتے ہیں تو اچانک تاج محل اپنی تمام جولانیوں کے ساتھ اچانک نمودار ہو جاتا ہے، یہ کتاب بھی کچھ اسی نوعیت کی ہے، واٹس اپ کے پیغامات کی آخر کیا اہمیت ہو سکتی ہے؟ اور کیونکر انہیں سنجیدگی سے لیا جاسکتا ہے؟، لیکن جب اس مختصر سی کتاب کی فہرست کھولتے ہیں تو سامنے ستاروں کی جھرمٹ میں اچانک ایک کہشاں نظر میں آجاتا ہے۔ اور اس کی فہرست مضامین دیکھ کر آنکھیں چندھیا جاتی ہیں، اور قاری سوچتا ہے کہ اچھا یہ بزرگ بھی مظاہر علوم کے فیض یافتہ اور اکابر میں ہیں، ہمیں تو معلوم ہی نہیں تھا!

مصنف نے مظاہر علوم کے تعارف کے بارے میں خوب کہا ہے کہ:

((پڑھے لکھے لوگوں کے لیے نہ تو مظاہر علوم محتاج تعارف ہے نہ ہی علمائے مظاہر محتاج تعریف، یہ سچ ہے کہ شروع سے ہی اس ادارہ کے اکابر نے زاویہ خمول اور گم نامی میں رہنے کو ترجیح دی ہے، وہ اسٹیج سے بھی دور ہی رہے، شہرت سے انھیں کوئی دلچسپی نہ رہی، سادگی اور قناعت ان کا بوریا بستر اور خمول و گمنامی ان کی مملکت تھی، اسی گمنامی اور خمول پسندی کا نتیجہ ہے کہ آج علمائے کرام کا بڑا طبقہ مظاہر علوم کے اصل بانی حضرت مولانا سعادت علی فقیہ سہارنپور تک سے بالکل ناواقف ہے اور واقفین کا بھی یہ حال ہے کہ انھیں صرف نام سنا ہوا لگتا ہے، کام سے کچھ بھی ناواقفیت ہے))۔

اس مجموعے میں منتشر واقعات کو تسبیح کے دانوں کی طرح جوڑا گیا ہے، مصنف نے انہیں مراجع و کتب سے بھی اکٹھا کیا ہے، اور بقول ان کے بہت سے واقعات ایسے ہیں ،((جن واقعات کے حوالہ جات نہیں پائے جاتے، لیکن سینہ بہ سینہ چلے آرہے تھے، جن کو مکمل دیانت داری اور ذمہ داری کے ساتھ ضبط تحریر میں لاکر پیش کیا جارہا ہے))۔ یہ

باتیں مرتب کی زبانی اچھی بھی لگتی ہیں، کیونکہ آپ کا یہاں کے ماحول کے بارے میں مشاہدہ ہے کہ:

((عوام میں خوف خدا دیکھا، میں نے تاجروں میں دینداری دیکھی، عوام کی نماز میں دلچسپی دیکھی، میں نے دیکھا کہ نوجوان اسکولی بچے بھی اپنی جیب میں ٹوپیاں رکھتے تھے تاکہ کہیں بھی ہوں نماز باجماعت میں شامل ہو سکیں، چھوٹے چھوٹے بچوں کو قرب وجوار کی مساجد کے اوقات صلوۃ کا پتہ رہتا تھا، یہاں کے خوانچہ فرش، چائے فروش، فروٹ فروش اور عام لوگوں کی زبان پر اکابر کے تذکرے دیکھے، رمضان المبارک کے مہینے میں پورے شہر کے مسلم ہوٹل بند دیکھے، ہر دیندار کو کسی نہ کسی بزرگ سے مربوط دیکھا، عید قرباں کے تینوں دن تمام مسلمان اپنے ہوٹل بند رکھتے تھے، ایک محفل تھی فرشتوں کی جو برخاست ہوئی))۔

ممکن ہے مجموعے میں مذکور بہت سی باتیں اچنبھی لگیں، لیکن مرتب نے جو دیکھا ہے، اس کے بعد انکار کی گنجائش نکلنی مشکل ہے، مصنف کا بیان ملاحظہ فرمائیں:

((میں بھی یقین نہ کرتا اگر میں نے اپنی ان ہی آنکھوں سے فقیہ الاسلام حضرت مولانا مفتی مظفر حسین کے تقدس کو، شیخ الادب حضرت مولانا اطہر حسین کی طہارت کو، ادیب اریب حضرت مولانا انعام الرحمن تھانوی کی کفایت شعاری کو، شیخ الحدیث حضرت مولانا محمد یونس جونپوری کے تقوی وتقدس کو، حضرت مولانا زین العابدین علی کی سادگی وتقشف کو، اور حضرت مولانا حافظ فضل الرحمن کلیانوی کے زہد وورع کو نہ دیکھ لیتا، لیکن اللہ کا لاکھ لاکھ شکر واحسان ہے کہ میں نے شر القرون میں خیر القرون کے چہرے دیکھے، میں نے مظاہر علوم میں انسانوں کی شکل میں چلتے پھرتے فرشتے دیکھے، میں نے سہارنپور میں دین ودیانت کا بول بالا دیکھا))۔

مظاہر علوم جس شخصیت کی طرف منسوب ہے ان کے بارے میں مصنف ذکر کرتے ہیں:

((مدرسہ مظاہر علوم، حضرت مولانا محمد مظہر نانوتویؒ کی طرف منسوب ہے، جو کہ حضرت مولانا سعادت علی فقیہ سہارنپور کے مخصوص تلامذہ میں سے ہیں۔۔۔ یکم رجب المرجب ۱۲۸۳ھ میں جب مظاہر علوم کی بنیاد رکھی گئی اور آپ کو تدریس کے لئے بلایا گیا تو تیس روپئے کے حقیر وظیفے کے لئے آپ نے سو روپئے ماہانہ کی تنخواہ چھوڑ دی))۔

بانی مظاہر حضرت مولانا سعادت علی فقیہ رحمہ اللہ علیہ کے بارے میں مصنف کی فراہم کردہ یہ معلومات مظاہر علوم کی مسلمانان ہند کے لئے تاریخی اہمیت اجاگر کرتی کہ:

((حضرت شاہ محمد اسحاق محدث دہلوی کے معاصر و معتمد، حضرت مولانا احمد علی محدث سہارنپور کے استاذ گرامی، حضرت مولانا محمد قاسم نانوتوی کے استاذ الاساتذہ، مظاہر علوم کے بانی اور حضرت سید احمد شہید بن عرفان رائے بریلی کی جماعت کے رکن رکین، فقیہ عصر حضرت مولانا سعادت علی علیہ الرحمہ کے تفصیلی حالات اور خدمات ہنوز پردہ خفا میں ہیں، گمنامی اور زاویہ خمول میں پوری زندگی گزاری، نہ والد اور تاریخ ولادت کا پیتہ نہ خاندان اور شجرہ نسب کا علم بمشکل سے دوچار واقعات کا علم ہو سکا ہے، نزہۃ الخواطر مظاہر علوم کا ریکارڈ، کتاب سید بادشاہ کا قافلہ آپ بیت، علماء مظاہر علوم، نفح المشموم وغیرہ دوچار ہی کتابیں ہیں جو ماخذ کے لیے دوچار سطور فراہم کرتی ہیں ورنہ تاریخ کی تقریبا بھی کتابیں فقیہ سہارنپور کے تذکرے سے خالی نظر آتی ہیں۔

حضرت مولانا سعادت علی فقیہ سہارنپور سے مشہور تھے، ۱۲۸۳ھ میں مظاہر علوم کی شروعات اپنے گھر سے کی، گھر پر ہی بچوں کو پڑھاتے تھے، طلب زیادہ ہوئی تو کرایہ کا ایک مکان لے لیا، کچھ تعداد اور بڑھی تو قاضی کی مسجد میں تعلیم جاری کر دی، اسی

دوران ۱۲۸٦ھ میں آپ کا وصال ہوگیا اور مسجد شاہ نوری کے متصل تدفین عمل میں آئی، حضرت مولانا احمد علی محدث سہارنپوری، حضرت مولانا محمد مظہر نانوتوی جیسی نیک طینت ہستیاں مل گئی تھیں جنہوں نے بانی محترم کے انتقال کے بعد تعلیمی سلسلہ کو سنبھالا))

شیخ القرآن حضرت مولانا حسین علی الوانی رحمۃ اللہ علیہ، جن کے توسط سے پاکستان اور افغانستان کے علاقوں میں تفسیر قرآن کے دروس کی بہار چلی، اور اس سلسلے کے بزرگوں میں مفسر قرآن احمد علی لاہوریؒ، شیخ القرآن مولانا غلام اللہ خانؒ، اور شیخ القرآن پنج پیر وغیرہ نے جو شمعیں جلائی تھیں، ان کی روشنی اب بھی فضاؤں کو منور کررہی ہے، لیکن کم ہی لوگ جانتے ہیں کہ وہ مظاہر علوم کے فیض یافتہ تھے، آپ کی بے نفسی اور للّٰہیت کے بارے میں یہ اقتباس ملاحظہ فرمائیں:

((خادم الطلبہ: خادم الطلبہ کہنا بڑا آسان ہے لیکن طلبہ کی خدمت کر کے دکھانا بڑا مشکل ہے، آپ اپنے مدرسہ کے طلبہ کے حقیقی خادم تھے، طلبہ سے بے تکلف رہتے، ان کی آسانیوں اور راحتوں کا خیال فرماتے، یہاں تک کہ طلبہ جب نیند کی آغوش میں ہوتے آپ کنویں سے پانی نکالتے، وضو خانے پر موجود تمام لوٹوں کو بھرتے، فجر میں جب طلبہ دیکھتے کہ تمام لوٹے پانی سے بھرے ہوئے ہیں تو تعجب کرتے کہ یہ خدمت رات کی تاریکی میں کون انجام دے جاتا ہے۔ ایک رات ایک طالب علم نے عزم کیا کہ پتہ تو کروں کہ آخر وہ نادیدہ محسن ہے کون؟ طالب علم رات بھر جاگتا رہا ٹکٹکی باندھ کر دیکھتا رہا، یہاں تک کہ تہجد کے وقت لوٹوں کے کھنکنے، کنویں سے پانی نکالنے کی آوازیں مسموع ہوئیں، قریب جا کر دیکھا تو مفسر قرآن حضرت مولانا حسین علی الوانی تھے))۔

کتاب میں شیخ التفسیر مولانا محمد زکریا قدوسیؒ جیسی شخصیات کا بھی تذکرہ ہے، جن کا

ذکر کتابوں میں شاذونادر ہی ملتا ہے، ان کے بارے میں امیر شریعت مولانا عطاء اللہ شاہ بخاریؒ کی یہ شہادت شاید حیران کر دے کہ:

((سیرت نبوی کے موضوع پر میں خود بھی تقریر کرلیتا ہوں اور اہم علماء سے بھی اس موضوع پر مختلف تقریریں سنی ہیں لیکن سیرت نبوی کے موضوع پر میں نے حضرت مولانا محمد زکریا قدوسی گنگوہی کی تقریر سنی تو حیرت زدہ رہ گیا، اس لیے کہ آپ کی تقریر نہایت ہی عجیب و غریب ہے۔))

مولانا قدوسی کی امانت اور احتیاط کا یہ واقعہ بھی سن لیجئے کہ:

ہریانہ ایک جلسہ میں تقریر کے لیے تشریف لے گئے۔ آپ کے شاگرد رشید حضرت مولانا قاری شریف احمد بانی جامعہ اشرف العلوم گنگوہ خادم کی حیثیت سے ہمراہ تھے۔ واپسی پر منتظمین نے مسور کی دو عدد گٹھری یہ کہہ کر دے دیں کہ دس کلو والی مدرسہ کے لیے ہے اور پانچ کلو والی آپ کی ہے۔ حضرت مولانا سہارنپور تشریف لے آئے، اگلے دن قاری شریف احمد صاحب سے پوچھا کہ مسور کہاں ہے؟ قاری صاحب نے عرض کہ مدرسہ والی دس کلو مطبخ میں جمع کردی ہے اور پانچ کلو جو آپ کی تھی وہ میں نے آپ کے گھر پہنچادی ہے۔ اتنا سنتے ہی بہت خفا ہوئے اور فرمایا:

((ہمیں کون دے ہے بھائی! ہدیہ تو وہ ہے جو یہاں بیٹھے بٹھائے آئے، ہم لوگ مدرسہ کے کام سے گئے تو اس نے مدرسہ کو دی پھر اس نے خیال کیا ہوگا کہ مولوی بھی للچا رہا ہوگا تھوڑی اسے بھی دے دو))

کتاب اس قسم کے جواہر پاروں سے بھری پڑی ہے، امید ہے کہ ہمارے مدارس دینیہ کے طلبہ و مدرسین کے حلقے میں یہ کتاب ہاتھوں ہاتھ لی جائے گی، تعلیم و تربیت کے میدان میں یہ ان کی ایک شدید ضرورت بن جائے گی۔

کتاب کے ناشر مولوی بشارت نواز ہم سب کے شکریہ کے مستحق ہیں، جو انہوں نے علم وکتاب واٹس اپ گروپ سے جنم دینے والے (النخیل، احوال مطالعہ نمبر)) کے بعد طلبہ و فارغین کے لئے اس قیمتی زاد راہ کی اشاعت کا بیڑا اٹھایا، اور اس سلسلے کے مزید سلسلوں کو منظر عام پر لانے کے لئے کوشاں ہیں۔

***

کتب لغت کا تحقیقی ولسانی جائزہ (جلد دوم): وارث سرہندی

مبصر: عبد المتین منیری

کتاب: کتب لغت کا تحقیقی ولسانی جائزہ (جلد دوم)

تالیف: وارث سرہندی

حاشیہ و تعلیقات: شان الحق حقی

ناشر: مقتدرہ قومی زبان اسلام آباد (۱۹۸۶)، صفحات: (۵۱۵)

یہ جلد اردو کی دو معروف ڈکشنریوں فیلن کی نیو ہندوستانی انگلش ڈکشنری اور خواجہ عبد المجید کی جامع اللغات کے جائزے اور ان کے تسامحات کی تصحیح پر مشتمل ہے۔

ڈاکٹر فیلن کی لغت سنہ ۱۸۷۹ میں آج سے ڈیڑھ سو سال قبل بنارس اور لندن سے شائع ہوئی تھی، مصنف ۱۸۳۷ء میں بنگال ایجوکیشن ڈپارٹمنٹ سے انسپکٹر آف اسکولز کی حیثیت سے منسلک ہوئے تھے، آپ نے کئی ایک کتب لغت ترتیب دیں، جن میں انگلش ہندوستانی ڈکشنری بھی ایک وقیع لغت ہے۔

اہل لغت کو ابتدا میں کتب لغت کی ضرورت پیش نہیں آتی، کیونکہ وہ اپنی مادری زبان کو سمجھ رہے ہوتے ہیں، لہذا کتب لغت اور قواعد عموما ابتدا میں غیر زبان بولنے والوں کے لئے لکھی جاتی ہیں، اردو میں بھی لغت اور قواعد کی کتابیں ابتدا میں نووارد انگریزوں کے لئے تیار کی گئی تھیں، تاکہ وہ مقامی لوگوں کی زبان سمجھ سکیں، اور ان سے

معاملات کر سکیں، لیکن ان مصنفین نے اس کی تیاری میں جو محنت صرف کی اس نے ان کتابوں کو مرجع کی حیثیت دے دی، فیلن کی اس لغت کا شمار بھی اردو کے ایسے ہی مراجع میں ہوتا ہے، فرہنگ آصفیہ کے مصنف مولوی سید احمد مرحوم اس لغت کی تیاری کے وقت فیلن کے ساتھ ساتھ رہے، اور انہیں لغت نویسی سے دلچسپی فیلن کی صحبت ہی سے حاصل ہوئی، لہذا کہا جاتا ہے کہ اگر فیلن کی لغت نہ ہوتی تو پھر فرہنگ آصفیہ بھی وجود میں نہیں آتی۔

فیلن کی لغت کا مقدمہ لغت نویسی کے اصول ومبادی جاننے کے لئے اہم مرجع شمار ہوتا ہے۔ اس لغت کی تیاری کے دنوں میں اردو یا ہندوستانی کی حدود و ابعاد متعین نہیں تھے، لکھنو اور دہلی کی زبان رائج تھی لیکن اس وقت تک دکنی اور گجراتی لہجوں کے سلسلے میں محققین کا موقف واضح نہیں تھا، بقول علامہ اقبال اس وقت بھی اردو دور تشکیل میں تھی اور آج بھی دور تشکیل میں ہے (۱۹۰۳ء)، لیکن فیلن نے بڑی محنت کر کے ہندوستان کے چپے چپے کا چکر لگایا، اور یہاں پر رائج اردو یا ہندوستانی زبان کے الفاظ کو جمع کیا، انہوں نے زبان کے مفردات جمع کرنے کے لئے چند اصول متعین کئے اور اس کے لئے جاں توڑ محنت کی، وہ لکھتے ہیں کہ:

موجودہ تالیف کی نمایاں خصوصیات یہ ہیں کہ اس میں ہندوستان کے ہندی بولنے والے باشندوں کی بول چال خصوصا مضافات کے لوگوں کی مادری زبان کو خاص طور پر جگہ دی گئی ہے، عورتون کی ستھری اور خالص بولی کو پہلی بار سامنے لایا جارہا ہے، نیز الفاظ کے استعمال کو روزمرہ بول چال، نظموں گیتوں، کہاوتوں، اور عوامی کہانیوں سے اخذ کردہ مثالوں کے ذریعے واضح کیا گیا ہے۔۔۔

عوام کی بولی ہماری لغتوں میں سے تقریبا غائب ہے، اس کی جگہ بے تحاشا عربی،

فارسی او سنسکرت الفاظ بھر دئے گئے ہیں، جو تحریری یا بول چال کی ہندوستانی میں یا تو بالکل ہی نہیں پائے جاتے یا بہت ہی کم، دوسری زبانوں کی لغتوں سے نکال نکال کر نامانوس الفاظ کو مقامی زبان پر مسلط کرنا مولویوں اور پنڈتوں کا مرغوب شیوہ ہے، اس طرح انہوں نے ایک جاندار اور بامزہ زبان کا حال پتلا کر کے رکھ دیا ہے۔۔۔

بہت سے مختلف علاقوں سے تعلق رکھنے والے محاورات، امثلہ اور گیت، جو خواہ مقامی ہوں، لیکن عام طور پر قابل فہم ہیں، بلکہ پورے ملک میں رائج ہیں۔۔۔ اور ان کی صداقت اور مفہوم کو ہر جگہ سمجھ لیا جاتا ہے، جہاں جہاں ہندوستانی بولی اور سمجھی جاتی ہے۔۔۔ سب اس زبان کی لغت میں جگہ پانے کے لائق ہیں جو ہندوستان میں سب سے زیادہ وسیع طور پر زبان رائج ہے۔۔۔

مولوی اور پنڈت اپنی مصنوعی زبان کا پبلک میں کتنا ہی ڈنکا بجائیں، یہی جیتی جاگتی بولی جسے وہ حقارت سے گنوارو کہتے ہیں، ان کے گھروں، بازاروں اور عام سماجی روابط میں ان کے کام آتی ہیں اور ان کے دل وجان کو گرماتی ہے۔۔۔

اصل قومی زبان وہ ہے جس پر عوامی چھاپ ہو اور اس سلسلے میں عورتوں کی بولی کی جگہ سب سے پہلے ہے۔۔۔

زبان ڈکشنری کی مدد سے نہین سیکھی جاسکتی، ڈکشنری کا کام تو بقول سقراط یہ ہے کہ مبہم حتمی اور واضح کر دے، دھندلی یادداشتوں کو روشن اور تازہ کر دے، ذہن کو آئینہ دکھا کر قائل کر دے کہ جو بات اکثر خیال میں آئی ہے، اتنی اچھی طرح کبھی نہین بیان ہوئی تھی۔۔۔

(اردو کے مفردات جمع کرنے کے لئے انہوں نے جو محنت کی اس بارے میں کہتے ہیں کہ)

مقامی زبان کو کون سا بولنے والا ہے، جو پوری زبان جانتا ہو۔۔۔ لیکن معترض کو اطمئنان رکھنا چاہیئے کہ مندرج الفاظ و معنی کے لئے سند اور تائید مدرسے سے لے کر اصطبل تک ، شہر سے لے کر دیہات تک۔۔۔ مختلف صوبوں سے۔۔۔ درزیوں ، جلاہوں، کمہاروں چرواہوں، سائیسوں تک سے حاصل کی گئی ہے۔۔۔

فیلن کی اس محنت کو دیکھتے ہوئے اردو لغت کبیر کے مدیر شان الحق حقی مرحوم کا کہنا ہے کہ: یہ گمان صحیح نہیں کہ انگریز لغت نگار صرف سیاسی وانتظامی مصلحت وضرورت کی بنا پر لغت نگاری سے دلچسپی رکھتے تھے، ان کے علمی شغف اور زبان سے سچی دلچسپی کا اعتراف کرنا چاہیئے، ان کے بعض خیالات یا ذوقی ترجیحات سے اختلاف ہوسکتا ہے، لیکن میں نہیں سمجھتا کہ ان پر دانستہ تعصب یا مسلمانوں سے بغض وبیر کر الزام لگانا قرین قیاس ہوگا۔ وارث سرہندی نے بڑی جانفشانی سے فیلن کی اس لغت کی خامیوں کو درست کرکے اس کی افادیت اور استناد میں اضافہ کیا ہے۔

دوسری لغت جس کی خامیوں کی تصحیح کی کوشش اس جلد میں کی گئی ہے وہ خواجہ عبد المجید کی جامع اللغات ہے، جو اپنے وقت کی اردو کی جامع ترین لغت شمار ہوتی ہے، خواجہ عبدالمجید اہل علم خاندان سے تھے، مشہور محقق مشفق خواجہ آپ کے بھتیجے تھے۔ جامع اللغات میں کتابت میں کافی غلطیاں پائی جاتی تھیں، حالانکہ کہا جاتا ہے کہ اس کی پروف ریڈنگ اختر شیرانی نے کی تھی۔

زبان وادب سے دلچسپی رکھنے والوں کے لئے یہ سلسلہ بہت مفید ہے، موضوع کی خشکی کے باوجود ان کتابوں سے تعلق باقی رکھنا چاہیئے۔

***

اثر التشیع علی الروایات التاریخیۃ فی القرن الاول الھجری:

ڈاکٹر عبد العزیز محمد نورولی

مبصر: عبد المتین منیری

کتاب: اثر التشیع علی الروایات التاریخیۃ فی القرن الاول الھجری

مؤلف: ڈاکٹر عبد العزیز محمد نورولی

ص: ۴۷۹

ناشر: دار الخضیری للنشر والتوزیع۔ مدینۃ منورۃ

بیسویں صدی کے آغاز میں علامہ شبلیؒ نے برصغیر میں اسلامی تاریخ کی تدوین جدید کا آغاز کیا تو انہوں نے اپنی معرکۃ الآراء تصنیف سیرۃ النبی کے مقدمہ مین اس بات کا اظہار کیا کہ تاریخ اسلام کے نام سے مسلمانوں کے پاس جو سرمایہ موجود ہے یہ چنداں قابل فخر نہیں، کیونکہ ان میں واقعات و حوادث کا اندراج جس انداز سے ہوا ہے ان میں تحقیق کے اصولوں سے تساھل برتا گیا ہے، لہذا آپ نے تاریخ کے بجائے حدیث کو سیرت میں بنیادی اہمیت دی۔ علامہ شبلیؒ کی اس تحریک کو بعد کے مسلم مؤرخین نے عرصہ تک سرد خانہ میں رکھا، لیکن گزشتہ دو تین دہائیوں سے یہ مسئلہ تاریخ اسلام سے دلچسپی رکھنے والوں کے لئے زیادہ اہمیت اختیار کر گیا ہے کہ تاریخ کے نام سے جو کتابیں

منظر عام پر آئی ہیں زیادہ تر یہ تاریخ کے بجائے داستان کی حیثیت رکھتی ہیں اور ان میں رطب و یابس کی اتنی بہتات ہے کہ عام قاری صحیح اور غلط میں امتیاز نہیں کرسکتا، اس سلسلہ میں پہلی صدی ہجری جو کہ خیر القرون میں سے ہے اور اس دور کے مسلمان، صحابہ و تابعین امت کے لیے نمونہ کی حیثیت رکھتے ہیں، ان سے متعلق تاریخ کی رائج کتابوں میں جو واقعات ملتے ہیں ان بابرکت شخصیات کے بارے میں کوئی اچھا تاثر نہیں چھوڑتے۔ بات صرف اتنی سی نہیں ہے، بلکہ ان کے درست ماننے پر ان بزرگ شخصیات کے بارے میں دل میلا ہونے لگتا ہے جن کے جنتی ہونے کی بشارت خود قرآن نے ان کی زندگی ہی میں دی تھی۔

عام قاری انہیں پڑھنے کے بعد محسوس کرنے لگتا ہے کہ نبی اکرم ﷺ کی صحبت نے خدانخواستہ ان میں کوئی نمایاں تبدیلی پیدا نہیں کی، ان میں بھی وہی اخلاق و اجتماعی خرابیاں پائی جاتی تھیں جو آج کے دور میں پائی جاتی ہیں، یہ صورت حال قریب قریب ان یہودیوں اور عیسائیوں کی طرح ہے جنہوں نے اپنی مذہبی کتابوں میں ان معصوم انبیاء کی زندگیوں کو داغدار بنا دیا، اور انہیں اسوۂ حسنہ بننے نہیں دیا، اس صورت حال نے مسلمانوں کے اس طبقہ میں ہلچل پیدا کردی جن کے دل قرنِ اول کے مسلمانوں کی محبت واحترام سے مالامال ہیں اور جو ان کی زندگیوں میں اپنے لیے نمونہ تلاش کرتے ہیں، اس کا جذباتی رد عمل پیدا ہوا جس میں افراط و تفریط کا پہلو غالب آگیا اور اعتدال کا دامن ہاتھوں سے چھوٹ گیا اور مسئلہ کا علمی و تحقیقی پہلو پس پردہ چلا گیا، اردو میں اس موضوع پر جو کام ہوا ہے الاماشاء اللہ عمومی طور ہر ان میں یہی رنگ غالب رہا۔

گزشتہ چند سالوں میں عرب دنیا سے اس سلسلے کا معیاری کام سامنے آیا ہے جس میں ان تاریخی روایات کو علم رجال کے تحقیقی اصولوں کی کسوٹی پر پرکھا گیا ہے۔

شامی عالم ڈاکٹر نورالدین عتر کی مقبول عام کتاب منہج النقد میں علم حدیث و تاریخ کے اصولوں کو شانہ بشانہ لے چلنے کی کامیاب کوشش کی گئی ہے، لیکن اس سلسلے کا اہم کام وہ تحقیقی مقالے ہین جو ڈاکٹریٹ اور ایم فل کے طلبہ نے مشہور عراقی محقق ڈاکٹر اکرم ضیاء العمری وغیرہم کی زیر سرپرستی مدینہ یونیورسٹی اور بعض دیگر یونیورسٹیوں میں تیار کیے، ان کے چند اہم مؤلفین اور مقالات یہ ہیں:

۱۔ڈاکٹر سعدی الھاشمی / الرواۃ الذین تاثروا بابن سبا

۲۔ صالح بن عبد اللہ الغامدی / حرکۃ عبد الرحمن بن محمد بن الاشعث الکندی فی العصر الاموی

۳۔ عبد الحمید الفقیہی / خلافۃ علی بن ابی طالبؓ

۴۔ڈاکٹر محمد محزون / تحقیق مواقف الصحابۃ

۵۔ڈاکٹر اکرم ضیاء العمری / السیرۃ النبویۃ الصحیحۃ عصر الخلافۃ الراشدۃ

۶۔ حمد محمد العرینان / اباحۃ المدینۃ وحریق الکعبۃ

۷۔ خالد بن محمد عبد اللہ الغیث / مرویات سیف بن عمر فی تاریخ الطبری

۸۔ عبد العزیز بن سلیمان المقبل / خلافۃ ابی بکر الصدیقؓ من خلال کتب السنۃ والتاریخ

۹۔ عبد العزیز محمد البیتی / ابن اعثم الکوفی ۔ منہجہ وموارده من خلافۃ ابی بکر الصدیق

۱۰۔ محمد عبد اللہ العنان / فتنۃ مقتل عثمان بن عفان

۱۱۔ محمد عبد اللہ الھادی الشیبانی / مواقف المعارضۃ من خلافۃ یزید بن معاویۃؓ

۱۲۔ محمد بن محمد علی العواجی / خلافۃ عثمان بن عفانؓ

۱۳۔ ناصر بن علی الشیخ / عقیدۃ اھل السنۃ والجماعۃ فی الصحابۃ الکرام

۱۴۔ یحیی بن ابراھیم الیحییٰ / مرویات ابی مخنف فی تاریخ الطبری

ان کتابوں اور مقالات میں جن پہلوؤں کو اجاگر کیا گیا ہے ان میں سے چند یہ ہیں:

(الف) علم حدیث ورجال کے اصولوں پر ثابت شدہ روایات کو مرتب کیا جائے۔

(ب) قرن اول کے کسی ایک مشہور و مختلف فیہ واقعہ کو تحقیق کا موضوع بنایا جائے اور اس سے متعلق جملہ روایات کو یکجا کر کے ان کا بے لاگ محاکمہ کیا جائے۔

(ج) تاریخی روایات کے کسی مشہور و مختلف فیہ راوی کی جملہ روایات کو یکجا کر کے ان کا موازنہ ثقہ راویوں کی روایات سے کیا جائے اور تحقیق کی کسوٹی پر انہیں پرکھا جائے۔

زیر تبصرہ کتاب بھی اس سنہرے سلسلے کی ایک اہم کڑی ہے۔

بنیادی طور پر یہ ایک تحقیقی مقالہ ہے جو ایک ہندی نژاد سعودی طالب علم ڈاکٹر عبدالعزیز نورولی نے مدینہ یونیورسٹی سے ڈاکٹریٹ کی سند حاصل کرنے کے لیے ڈاکٹر اکرم ضیاء العمری اور ڈاکٹر سعدی الھاشمی کی زیر سرپرستی تیار کیا، اس مقالہ کا موضوع قرن اول کے واقعات سے متعلق تاریخی روایات میں شیعی اثر کو اجاگر کرنے اور خواہ مخواہ جن شخصیات پر تشیع کا الزام دھرا گیا ہے ان کی حقیقت واضح کرتا ہے۔

کتاب، دیباچہ پانچ ابواب اور خاتمہ پر مشتمل ہے۔

دیباچہ میں شیعیت کی ابتداء اور ان کے بنیادی عقائد کو بیان کیا گیا ہے۔

پہلا باب: ان غالی شیعہ راویوں اور اخباریوں کے تذکرہ پر مشتمل ہے جنہوں نے تاریخی روایات کو گھڑا اور ان میں حسب منشا تبدیلیاں کیں۔

دوسرا باب: ان راویوں اور اخباریوں سے متعلق ہے جن پر خواہ مخواہ شیعہ ہونے

کی تہمت لگائی گئی، اس باب کی تیسری فصل میں ان اخباریوں اور مؤرخین کا تذکرہ ہے جو اہل سنت سے تھے لیکن ان پر شیعیت کا جھوٹا الزام لگایا گیا۔

تیسرا باب: شیعہ مؤرخین کے تذکرہ پر مشتمل ہے۔

چوتھا باب: عہد نبوی اور خلافت راشدہ میں پیش آنے والے واقعات سے متعلق روایات میں شیعی اثرات کی تشریح پر مشتمل ہے، ان میں سے اہم ترین واقعات یہ ہیں: حضرت ابو بکر صدیقؓ کی خلافت، غدیر خم، سقیفہ اور بیعت حضرت ابو بکرؓ، حضرت اسامہؓ کی فوج روانگی، ارتداد، حضرت عثمانؓ کا بحیثیت خلیفہ انتخاب، شہادت حضرت عثمانؓ، بیعت حضرت علیؓ، واقعہ جمل، جنگ صفین اور ثالثی کا واقعہ، جنگ نہروان۔

پانچواں باب: خلافت امویہ میں پیش آنے والے واقعات کی روایات میں شیعی اثر کا جائزہ لیا گیا ہے، ان میں سے اہم واقعات یہ ہیں: خلافت حضرت معاویہؓ و یزید، حضرت حسنؓ کی وفات، حضرت حجر بن عدی کا قتل، واقعہ کربلا و شہادت حسینؓ، واقعہ حرہ اور محاصرہ مکہ، کعبہ پر منجنیق سے حملہ، مرج رہط، توابین، مختار ثقفی، حضرت مصعب بن زبیرؓ، عبد اللہ بن زبیرؓ اور عبد الرحمن بن اشعث کی بغاوتیں وغیرہ۔

اختتام: کتاب میں ہوئی بحثوں کا خلاصہ بیان کیا گیا ہے۔

اردو زبان میں جذباتی اور مناظراتی لٹریچر کی کوئی کمی نہیں ہے، عربی سے اردو میں تراجم بھی خوب آرہے ہیں، لیکن تحقیقی اسلوب دینے والی کتاب شاذ و نادر ہی ترجمہ ہو کر آتی ہیں، کاش تحقیقی کتابوں کی طرف بھی ہمارے مترجمین کی نگاہیں جائیں تاکہ ہماری سوچ کا معیار بلند ہو۔ یہ کتاب تاریخ کے میدان میں قابل ذکر خدمت ہے۔

* * *

پروفیسر ہارون الرشید-حیات و خدمات: ساجد رشید

مبصر: ڈاکٹر محمد سہیل شفیق

کتاب: پروفیسر ہارون الرشید: حیات وخدمات

مولف: ساجد رشید

صفحات: ۱۲۸ قیمت: ۷۰۰ روپے

ناشر: ہارون پبلی کیشنز کراچی

اسلامی ادب کے شناور اور علَم بردار پروفیسر ہارون الرشید ۳ جولائی ۱۹۷۳ء کو کلکتہ مغربی بنگال میں پیدا ہوئے اور ۲۶ جنوری ۲۰۲۲ء کو کراچی میں راہیِ ملکِ عدم ہوئے۔ اس عرصہ حیات میں دو بار ہجرت کی صعوبتیں اٹھائیں۔ ۱۹۵۰ء میں کلکتہ سے مشرقی پاکستان ہجرت کی اور ڈھاکہ میں سکونت اختیار کی۔ سقوطِ مشرقی پاکستان کے موقع پر ہونے والی قتل وغارت گری، لوٹ مار اور زیادتیوں کو اپنی آنکھوں سے دیکھا بلکہ خود بھی اس کا شکار ہوئے، اور ہزاروں اردو بولنے والوں کے ساتھ تقریباً ڈھائی ماہ ڈھاکہ سینٹرل جیل میں گزارے۔ جس کے بعد دوسری ہجرت ڈھاکہ سے کراچی کی۔ لیکن مشکل ترین حالات میں بھی صبر، حوصلے اور اللہ پر توکل کے ساتھ ثابت قدم رہے اور ہر آزمائش میں سرخرو ہوئے۔

پروفیسر ہارون الرشید نے اپنی زندگی صبر، شکر، سادگی اور ایسی ہی اعلیٰ اخلاقی

قدروں کے ساتھ بسر کی اور ہمہ وقت تعلیم و تدریس، تصنیف و تالیف میں مصروفِ عمل رہے۔ آپ کی ادبی خدمات کی متعدد جہتیں ہیں۔۔۔ تصنیف و تالیف، تحقیق و تنقید، سوانح نگاری و ناول نگاری وغیرہ۔ اسلامی ادب کے فروغ میں آپ نے اپنی پوری زندگی صرف کی۔ شاعری کی تو اس میں بھی اپنے اس بنیادی مقصد کو پیشِ نظر رکھا۔ اسی طرح ناول لکھے تو اس میں بھی معاشرتی مسائل اور اصلاحی پہلوان کے پیش نظر رہے۔

پروفیسر صاحب تیس سے زائد کتابوں کے مصنف تھے، جن میں سے چند کے نام درجِ ذیل ہیں:

اردو ادب اور اسلام، اردو نعت گوئی کا تنقیدی جائزہ، منقبتِ صحابہ کرام، ملّتِ واحدہ، محفل جو اجڑ گئی، دو ہجرتوں کے اہلِ قلم، نوائے مشرق، متاعِ درد، نیاز فتح پوری کے مذہبی افکار، اردو کا دینی ادب، جدید اردو شاعری، فغانِ درویش، لاک ڈاؤن کے روز و شب و دیگر۔ ان کے علاوہ ابھی کئی کتابیں منتظرِ اشاعت بھی ہیں۔

پیشِ نظر کتاب میں متعدد ادوار اور عنوانات کے تحت پروفیسر ہارون الرشید کی زندگی کے شب و روز اور علمی و ادبی خدمات پر اختصار لیکن جامعیت کے ساتھ روشنی ڈالی گئی ہے۔ یہ کتاب تین ابواب پر مشتمل ہے۔ پہلے باب میں پروفیسر ہارون الرشید کے حالاتِ زندگی بہت اختصار کے ساتھ سات ادوار میں بیان کیے گئے ہیں۔ دوسرے باب میں مختلف عنوانات کے تحت پروفیسر صاحب کی شخصیت و کردار کی اہم خصوصیات پر روشنی ڈالی گئی ہے۔ جب کہ تیسرے باب میں پروفیسر صاحب کی علمی و ادبی جہات پر گفتگو کی گئی ہے۔ آخر میں پروفیسر صاحب کی تعلیمات کا خلاصہ انھی کی ایک نظم کی صورت میں درج کیا گیا ہے اور ان کی غیر مطبوعہ کتابوں کی فہرست بھی شامل ہے۔

یہ کتاب پروفیسر ہارون الرشید کے لختِ جگر ساجد رشید کا اپنے والدِ مرحوم سے

محبت وعقیدت کا اظہار بھی ہے اور ایک بیٹے کی جانب سے والد کی شخصیت اور علمی و ادبی خدمات کو ایک خوبصورت خراجِ تحسین بھی۔ فاضل مصنف کی اگرچہ یہ پہلی کتاب ہے لیکن اپنے والدِ محترم کے طرزِ تحریر کی پیروی کرتے ہوئے اس کتاب میں غیر ضروری تمہید سے گریز کیا گیا ہے۔ کتاب کے ابواب مختصر ہیں اور طرزِ تحریر رواں دواں اور سلیس ہے۔ پروفیسر ہارون الرشید کی حیات وخدمات پر ایک عمدہ کتاب ہے۔

٭٭٭

مسئلہ فلسطین: ڈاکٹر نگار سجاد ظہیر

مبصر: ڈاکٹر محمد سہیل شفیق

کتاب: مسئلہ فلسطین
مصنف: ڈاکٹر نگار سجاد ظہیر
صفحات: ۲۷۲، قیمت: ۸۰۰ روپے
ناشر: قرطاس کراچی

انبیاء کرام علیہم السلام کی سرزمین فلسطین محض زمین کا ایک ٹکڑا ہی نہیں بلکہ تین الہامی مذاہب یہودیت، عیسائیت اور اسلام کا روحانی مرکز بھی ہے۔ حضرت یعقوب، حضرت یوسف، حضرت داؤد، حضرت سلیمان، حضرت یحییٰ، حضرت موسیٰ، حضرت عیسیٰ اور بہت سے دیگر پیغمبر علیہم السلام اسی سرزمین میں پیدا ہوئے یا باہر سے آکر یہاں آباد ہوئے۔

حضرت عمر فاروقؓ کے عہد (۶۳۵ء) میں مسلمانوں نے پُر امن طریقے سے اسے حاصل کیا اور بیت المقدس کے دروازے عیسائیوں اور یہودیوں دونوں کے لیے کھلے رکھے۔ عہدِ فاروقی سے یہ خطہ مسلسل مسلمانوں ہی کے پاس رہا، یہاں تک کہ پہلی جنگِ عظیم کے بعد ۱۹۱۷ء میں برطانیہ نے اس خطے کو اپنی تحویل بلکہ یہ کہنا زیادہ بہتر ہو گا کہ ایک ایسے خطے کو جو کبھی اُس کا نہیں رہا، اسے قبضے میں لے لیا اور "اعلانِ بالفور" کے

ذریعے یہودیوں کے لیے ایک قومی ریاست کے قیام کا وعدہ کیا گیا۔ واضح رہے کہ اعلانِ بالفور کے وقت فلسطین میں یہودی آبادی محض ۸ فیصد تھی۔

اسی اعلانِ بالفور کی بنیاد پر ۱۴ مئی ۱۹۴۸ء کو اسرائیل کی ناجائز ریاست کا قیام عمل میں آیا، جس کے ساتھ ہی عربوں اور اسرائیلیوں میں جھڑپوں کا سلسلہ شروع ہو گیا۔ سات لاکھ فلسطینی اپنے آبائی علاقوں سے جبری جلاوطنی پر مجبور ہوئے۔ دیریاسین میں عربوں کا قتلِ عام ہوا۔ گزشتہ ۷۵ سال سے فلسطینی مسلمان بدترین انسانیت سوز ظلم و ستم کا شکار ہیں اور ان کی نسل کُشی اور جبری انخلا کا سلسلہ جاری ہے۔ فلسطینی مسلمان اپنی آزادی اور بیت المقدس کے تحفظ کے لیے لاکھوں جانوں کی قربانیاں دے چکے ہیں۔ اسرائیل ان کی آواز کو خاموش کرنے کی ہر ممکن کوشش کر رہا ہے۔ مغربی میڈیا کے تعصب اور جانب داری نے بھی اس مسئلے کو دبانے، فلسطینیوں کو "'دہشت گرد" اور اسرائیلیوں کو 'مظلوم' ثابت کرنے کی ہر ممکن کوشش کی ہے، لیکن حالیہ "طوفان الاقصیٰ" نے ایک بار پھر دنیا بھر کی توجہ مسئلہ فلسطین کی جانب مبذول کرا دی ہے۔

معروف محقق اور مؤرخ پروفیسر ڈاکٹر نگار سجاد ظہیر (سابق صدر شعبہ اسلامی تاریخ، جامعہ کراچی) کی پیشِ نظر کتاب "مسئلہ فلسطین" اس مسئلے کے حوالے سے ان حقائق سے پردہ اٹھانے کی ایک کوشش ہے جن پر ستّر برسوں میں شکوک و شبہات اور تعصبات کی مٹی ڈال کر انہیں دفن کرنے کی کوشش کی گئی۔ اس کتاب میں کھلی اور سفاک سچائیاں، تاریخی حقائق، اعداد و شمار اور دستاویزی ثبوت ہیں جن کی روشنی میں انصاف پسند قاری بآسانی فیصلہ کر سکتا ہے کہ آیا فلسطینی جارح اور دہشت گرد ہیں یا اسرائیل؟

یہ کتاب چند مقدمات پر قائم ہے: پہلا مقدمہ تو یہ ہے کہ کیا مسئلہ فلسطین محض

ایک سیاسی مسئلہ ہے، یا اس میں مذہب بھی دخل رکھتا ہے؟ دوسرا مقدمہ یہ ہے کہ اب تک مسئلہ فلسطین کے جو سیاسی حل پیش کیے گئے ہیں، وہ زمینی حقائق سے لگّا کھاتے ہیں یا خلاء میں تجویز کیے گئے ہیں؟ اور تیسرا مقدمہ یہ ہے کہ طاقت ور ممالک اور عالمی اداروں کی ذمے داریوں میں، اقوام۔۔۔ خواہ چھوٹی ہوں یا بڑی۔۔۔ کے بنیادی حقوق، جن میں خود ارادیت کا حق بھی شامل ہے، کتنی جگہ پا سکے ہیں؟

اس کتاب کے مطالعے سے یہ بھی معلوم ہوتا ہے کہ پچھتر برسوں میں فلسطینیوں کے جذبہ آزادی کو زندہ رکھنے میں فلسطینیوں کی اپنی صلاحیت کیا رہی ہے اور اسرائیل کے اقدامات کا کتنا حصہ ہے۔ اس کتاب کو لکھنے میں فاضل مصنفہ کو مآخذ کے حوالے سے مشکل کا سامنا بھی کرنا پڑا کہ اس موضوع پر اکثر کتابیں مغربی مصنفین کی لکھی ہوئی ہیں جو ایک خاص نقطہ نظر سے لکھی گئی ہیں۔ بعض عرب مورخین کی کتابیں بھی ہیں تاہم ان میں سے بیشتر میں نظریاتی پہلو غالب ہے، وہاں اسے عقیدے کے ایک مسئلے کے طور پر دیکھا گیا ہے، اور جہاں تک اردو میں لکھی جانے والی کتب کا تعلق ہے تو وہ معدودے چند ہی ہیں۔

پیشِ نظر کتاب مسئلہ فلسطین کا ایک تاریخی مطالعہ ہے، جس میں اعتقادی معاملہ بقدرِ ضرورت ہی آیا ہے۔ کتاب مختصر لیکن جامع ہے جس کا اندازہ کتاب کے ۱۳ ابواب کے درجِ ذیل عنوانات سے بخوبی لگایا جاسکتا ہے:

۱۔ فلسطین: قدیم تاریخ، ۲۔ فلسطین اسلامی دور میں (۶۳۵ء-۱۹۱۸ء)، ۳۔ جدید تصّورات اور مسئلہ فلسطین، ۴۔ پہلی جنگِ عظیم اور اعلانِ بالفور، ۵۔ زیرِ انتداب فلسطین (۱۹۲۰-۱۹۴۸ء)، ۶۔ مسئلہ فلسطین میں امریکہ کا کردار، ۷۔ پہلی عرب-اسرائیل جنگ اور نکبۂ فلسطین، ۸۔ تیسری عرب-اسرائیل جنگ اور سقوطِ یروشلم، ۹۔ الفتح اور تنظیم

آزادیِ فلسطین، ۱۰۔ مزاحمتی تحریکیں -انتفادہ اور حماس کا ظہور، ۱۱۔ حماس-عالمی واقعات کے گرداب میں، ۱۲۔ غزہ بمقابلہ اسرائیل، ۱۳۔ فیصلہ کن معرکہ: طوفان الاقصیٰ۔

علاوہ ازیں آخر میں درجِ ذیل تین ضمیمے بھی شامل ہیں:

۱۔ تاریخِ فلسطین کے اہم ماہ وسال، ۲۔ امان نامہ برائے باشندگانِ بیت المقدس ازامیر المؤمنین عمرؓبن الخطاب، ۳۔ ہرتزل کاخط سلطان عبدالحمید کے نام۔

ہر وہ شخص جو مسئلہ فلسطین کے تاریخی پس منظر، جدید تاریخ اور موجودہ صورتِ حال میں دلچسپی رکھتا ہو اُسے اس کتاب کا مطالعہ ضرور کرنا چاہیے۔ اردو میں یہ اپنے موضوع پر ایک عمدہ اور تازہ ترین کتاب ہے جو مسئلہ زیرِ بحث کے ۲۸ اکتوبر ۲۰۲۳ء (طوفان الاقصیٰ کے بائیسویں دن) تک کے اہم واقعات کا احاطہ کرتی ہے۔

***

مولانا محمد عثمان فارقلیط - صحافی، مناظر، مفکر: سہیل انجم

مبصر: مولانا ضیاء الحق خیر آبادی

کتاب: مولانا محمد عثمان فارقلیط - صحافی، مناظر، مفکر

مرتب: سہیل انجم

صفحات: ۵۱۲، قیمت: ۷۰۰

ناشر: مکتبہ ضیاء الکتب خیر آباد ضلع مئو (یوپی)

مولانا محمد عثمان فارقلیط اردو صحافت کے آفتاب وماہتاب تھے۔ نصف صدی سے زائد عرصہ تک ان کا قلم اپنی تمامتر جولانیوں کے ساتھ رواں دواں رہا۔ مولانا کے انتقال پر تقریباً نصف صدی کا عرصہ ہورہا ہے اور اس عرصہ میں ہم نے مولانا کو مکمل طور پر فراموش کردیا ہے۔ ہماری نسل نو مولانا کے کارناموں سے کیا واقف ہوتی اکثر لوگوں کو ان کا نام بھی معلوم نہ ہوگا کہ یہ کون تھے اور تقسیم ہند کے بعد ملت اسلامیہ ہند کے ٹوٹے حوصلوں میں جان ڈالنے اور اس کے اندر سے خوف کی نفسیات کو دور کرنے میں ان کے قلم کا کیا کردار رہا ہے۔ ان کے اداریوں کو پڑھ کر آج بھی دل میں ایمان کی حرارت دوڑ جاتی ہے اور سیاسی بصیرت اور شعور میں اضافہ ہوتا ہے۔ اللہ جزائے خیر دے معروف صحافی وصاحب قلم سہیل انجم کو کہ انھوں نے اس علم کُش اور کتاب بیزار ماحول میں مولانا کی حیات وخدمات پر لکھے گئے مضامین اور ان کے اداریوں اور منتخب مضامین کو کتابی

شکل دینے کی ہمت کی۔ ان شاءاللہ اس کتاب کے ذریعہ ہماری نسل نو کو مولانا کے افکار و نظریات کی اہمیت وافادیت معلوم ہوگی اور اس کو سمجھنے کا موقع ملے گا۔

اردو زبان کے وہ صحافی جن کا نام کسی بھی اخبار کی مقبولیت اور اس کو وقار واعتبار عطا کرنے کا ضامن ہوتا تھا، جن کی تحریروں کے شیدائی عوام وخواص سبھی ہوتے تھے، ان یکتائے زمانہ صحافیوں میں ایک نمایاں نام مولانا فارقلیط مرحوم کا بھی تھا جن کے قلم سے نکلے ہوئے اداریے اور مضامین ادبی، سیاسی اور حکومتی حلقوں میں دیانتدارانہ صحافت کی علامت اور سند سمجھے جاتے تھے۔

مولانا محمد عثمان فارقلیط ایک معمولی گھرانے میں پیدا ہونے والے ایک عام انسان تھے لیکن انھوں نے اپنی ذاتی محنت وکاوش، ذوق مطالعہ اور شوق ودلچسپی سے اپنا ایک مقام بنایا۔ صحافت تو خیر ان کا طغرائے امتیاز ہے، وہ ایک بہترین مناظر اور بلند پایہ مفکر بھی تھے۔ ان کی دینی وعلمی زندگی کا آغاز آریوں، پادریوں اور قادیانیوں کے ساتھ مناظرہ سے ہوا جس میں انھوں نے فریق مخالف کو اپنی مدلل باتوں سے لاجواب کر دیا۔

اس کے بعد وہ میدانِ صحافت میں آئے تو پوری زندگی اسی میں گزار دی جس کا آغاز بھی اخبار الجمعیۃ سے ہوا اور اختتام بھی اسی پر ہوا۔ اس کی تفصیلات اس کتاب میں موجود ہیں۔ مولانا کی پوری زندگی خدمت لوح وقلم میں گزری۔ بلاشبہ انھوں نے ہزاروں نہیں لاکھوں مضامین مختلف اخبار وجرائد اور مجلات میں لکھے۔ اگر کوئی صاحب ہمت صرف ان کا انتخاب شائع کر دے تو درجنوں جلدیں تیار ہو جائیں گی۔ مولانا نے پوری زندگی حق وصداقت کا پرچم بلند رکھا، قلم کی عزت وحرمت پر کبھی آنچ نہ آنے دی اور نہ ہی عصمت صحافت کو تار تار ہونے دیا۔ مولانا فارقلیط اپنے دینی افکار ونظریات اور پختہ ایمان وعقیدہ کے ساتھ مخلصانہ وبے باکانہ انداز میں ملک وملت اور قوم کے مفاد میں

میدان صحافت میں ڈٹے رہے اور ان کا قلم اندیشۂ سود وزیاں کی پرواکیے بغیر پوری روانی کے ساتھ چلتا رہا جس کے نتیجہ میں انھوں نے قید وبند کی صعوبت بھی برداشت کی اور جانی ومالی نقصان بھی اٹھایا لیکن اپنے اصول اور ضمیر سے کبھی سمجھوتہ نہیں کیا۔ ان کے قلم کی صداقت، انداز کی لطافت، تحریر کی جاذبیت اور موضوع کی اہمیت وافادیت کا اعتراف ان کے ہم عصر ادبا واہل قلم نے کھلے دل کے ساتھ کیا ہے اور ان کو خراجِ عقیدت پیش کیا ہے۔ جس کے نمونے اس کتاب کے باب اول میں ان کی شخصیت پر لکھے گئے مضامین میں جابجا ملیں گے۔

میں نے مولانا فارقلیط کا نام تو بہت پہلے سے سن رکھا تھا لیکن ان کی اہمیت وعظمت اس وقت پیدا ہوئی جب ماہنامہ ضیاء الاسلام کے قاضی اطہر مبارکپوری نمبر کے لیے قاضی صاحب کی خود نوشت کاروان حیات کا مسودہ پڑھا جس میں انھوں نے لکھا ہے کہ میری صحافتی زندگی کے استاذ ورہنما مولانا فارقلیط تھے، جن کی سرپرستی میں ڈھائی سال تک وہ بحیثیت معاون مدیر زمزم سے منسلک رہے۔ انھوں نے ان کے متعدد قیمتی مشوروں کا ذکر اس کتاب میں کیا ہے جس سے مولانا فارقلیط کی عبقریت کا اندازہ ہوتا ہے۔ اس میں قاضی صاحب نے ان کی دو کتابوں کا ذکر کیا ہے جن کا نام کلید خود شناسی اور رہنمائے عقل ہے۔ یہ دونوں کتابیں لاہور سے شائع ہوئی تھیں اس لیے قاضی صاحب کے علم میں تھیں۔ چونکہ مولانا کا تمام وقت صحافت کی خدمت میں صرف ہو گیا اس لیے وہ تصنیف وتالیف کے لیے اپنے آپ کو فارغ نہ کرسکے۔ اردو دنیا کے نامور ادیب وصحافی مولانا عبدالماجد دریابادی کو مولانا فارقلیط سے بڑا گہرا تعلق تھا، انھوں نے اپنی نماز جنازہ پڑھانے کے لئے جن لوگوں کو نامزد کیا تھا ان میں ایک مولانا فارقلیطؒ بھی تھے، اور جن بزرگوں سے مرنے کے بعد دعاء مغفرت کرانے کی تاکید کی تھی ان

میں مولانا محمد زکریا کاندھلوی اور قاری محمد طیب رحمہا اللہ کے ساتھ مولانا فارقلیط کا نام بھی ہے۔(دیکھئے ان کی آپ بیتی کا ضمیمہ "وصیت نامہ ماجدی") مولانا فارقلیط کا آبائی وطن ضلع میرٹھ کا ایک قصبہ پلکھوہ (موجودہ ضلع ہاپوڑ) تھا۔ ان کی ولادت خود ان کی صراحت کے مطابق مئی ۱۸۹۷ء میں دہلی میں ہوئی۔ ان کے والد محمد احمد صاحب ایک پڑھے لکھے باذوق انسان تھے۔ فارسی زبان اور طبابت میں درک رکھتے تھے۔ مولانا فارقلیط نے ابتدائی تعلیم مولانا اسحاق رامپوری کے ایک منطقی شاگرد مولانا محمد ایوب سے حاصل کی جو ان کے بچپن کے دوست تھے۔ مزید تعلیم مدرسہ فتحپوری کے ایک افغانی عالم مولانا سلطان احمد سے حاصل کی۔ نئی سڑک دہلی میں ایک مدرسہ حاجی علی جان تھا وہاں کے مولانا عبدالرحمن سے بعض کتب اور شیخ الحدیث مولانا احمد اللہ اور بعض اہل علم سے کتب صحاح کی تکمیل کی۔ اسی زمانہ میں انگریزی تعلیم اینگلو عربک اسکول میں حاصل کی اور اتنی استعداد بہم پہنچالی کہ انگریزی کتب کا بآسانی ترجمہ کرلیتے تھے۔

لکھنے کا شوق ابتدا ہی سے تھا۔ عیسائیوں، آریوں اور قادیانیوں کے رد میں مضامین لکھ کر مولانا ثناء اللہ امرتسری کے اخبار اہلحدیث امرتسر میں بھیجتے تھے جسے مولانا شائع کرتے تھے۔ ۱۹۲۰ء میں سحبان الہند مولانا احمد سعید دہلوی نے قابل اور شوقین طلبا کو فن مناظرہ سکھانے کے لیے انجمن اصلاح المومنین قائم کی تو اس میں بھی ذوق وشوق سے حصہ لیا اور اس میں مہارت حاصل کرکے کامیاب مناظرے کیے جس کا ذکر انھوں نے اپنی خودنوشت میں کیا ہے۔

انھوں نے لکھا ہے کہ فارقلیط جو اُن کے نام کا جزو بن گیا وہ ایک مناظرے ہی کی دین ہے۔ انھوں نے ایک مشہور پادری احمد مسیح سے لفظ فارقلیط پر مناظرہ کیا کہ اس سے کون سی ذات مراد ہے اور ایک مسیحی پادری کی کتاب سے ثابت کیا کہ انجیل میں فارقلیط کا

جو لفظ آیا ہے اس سے مراد محمد ﷺ ہیں۔ یہ مناظرہ جمعہ کو ہوتا تھا اور تین جمعہ تک چلا۔ اس کو دہلی کے عوام نے بڑے شوق اور دلچسپی سے سنا اور مناظرہ کے بعد لوگ ان کو فارقلیط کہنے لگے اور مولانا نے بھی اسے اپنے نام کے ساتھ لکھنا شروع کر دیا۔

وہ لکھتے ہیں کہ بعد میں اسے ترک کرنے کا خیال آیا تو وہ اس قدر مشہور ہو چکا تھا کہ لوگ مجھے بغیر نام کے صرف اس لفظ سے پہچان لیتے تھے اس لیے اس کے ترک کرنے کا خیال ترک کرنا پڑا۔ مولانا فارقلیط مرحوم اردو، فارسی اور عربی کے ساتھ انگریزی، ہندی، سنسکرت اور سندھی زبان بھی جانتے تھے۔ ان کی با قاعدہ صحافت کا آغاز 1926ء میں ایک سندھی اخبار الوحید کراچی سے ہوا جہاں وہ شیخ عبدالمجید سندھی کی دعوت پر گئے تھے۔ ان کا کام عربی اخبارات سے اردو میں ترجمہ کرنا تھا جسے اخبار کے عملہ والے سندھی میں منتقل کرتے تھے۔ یہاں انھوں نے بوقت ضرورت آریوں سے مناظرے بھی کیے اور ان کی کوششوں سے بہت سے وہ لوگ جو مرتد ہو گئے تھے دوبارہ مسلمان ہوئے۔

1928ء میں مولانا احمد سعید دہلوی کی دعوت پر سہ روزہ الجمعیۃ میں آ گئے۔ اس وقت مولانا سید ابوالاعلیٰ مودودی اس کے چیف ایڈیٹر تھے۔ ان کے حیدرآباد جانے کے بعد ہلال احمد زبیری چیف ایڈیٹر اور مولانا فارقلیط معاون ایڈیٹر بنائے گئے۔ زبیری صاحب کے بعد مولانا چیف ایڈیٹر بنائے گئے۔ لیکن کچھ دنوں کے بعد اخبار مدینہ بجنور کے مالک مجید حسن کی دعوت پر وہاں چلے گئے۔ اپنی خود نوشت میں مولانا نے اشارہ کیا ہے کہ بعض لوگوں کی سازش کی بنا پر انھوں نے الجمعیۃ کو چھوڑا۔ مدینہ بجنور کے بعد 1939ء میں منشی عبدالرحیم کی دعوت پر لاہور گئے اور سہ روزہ زمزم کی ادارت قبول کی اور سالہا سال وہاں جم کر رہے۔ 1947ء میں تقسیم کے ہنگامے شروع ہوئے تو وطن ثانی دہلی آ گئے اور پھر لاہور واپس نہیں گئے۔ آزادی کے بعد جب مجاہد ملت مولانا حفظ

الرحمن سیوہاروی نے اخبار الجمعیۃ کو دوبارہ جاری کرنے کا فیصلہ کیا تو ادارت کے لیے ان کی نظر انتخاب مولانا فارقلیط پر پڑی اور ۲۵؍ دسمبر ۱۹۴۷ء کو روزنامہ الجمعیۃ کا پہلا شمارہ مولانا کی ادارت میں نکلا، اس کا اداریہ اس کتاب کے باب دوم میں ہے۔

مولانا فارقلیط پرانی وضع کے بزرگ تھے ایک درگیر و محکم گیر والے۔ انھوں نے الجمعیۃ جوائن کیا تو جب تک ان کی صحت ساتھ دیتی رہی پوری تندہی اور دلجمعی کے ساتھ اس سے وابستہ رہے اور پچیس سال سے زائد عرصہ تک وابستہ رہنے کے بعد یکم مارچ ۱۹۷۳ء کو خرابی صحت کی وجہ سے اس سے مستعفی ہوئے۔ اس عرصہ میں انھوں نے جو اداریے، مضامین اور کالم لکھے وہ آج بھی اسی طرح تروتازہ ہیں جیسا کہ اشاعت کے وقت تھے۔ اس کا اندازہ اس کتاب کے مطالعہ سے ہوتا ہے۔

مولانا فارقلیط مرحوم مارچ ۱۹۷۳ء میں الجمعیۃ سے سبکدوش ہوئے اور جون ۱۹۷۶ء میں انتقال فرماگئے۔ تقریباً چار دہائیوں تک مولانا سے متعلق علم وادب اور صحافت کی دنیا میں مکمل خاموشی چھائی رہی۔ اردو کے کاز کے لیے سرگرم دو تنظیموں "یونائٹیڈ مسلم آف انڈیا" اور "اردو ڈیولپمنٹ آرگنائزیشن" نے ۹؍ نومبر کو یوم اردو کے موقع پر ۲۰۱۱ء میں مولانا فارقلیط پر سالانہ یادگاری مجلہ شائع کیا جس کی ترتیب و تیاری کی ذمہ داری اس کتاب کے مرتب سہیل انجم کے حصہ میں آئی۔ انھوں نے شب و روز محنت کرکے ایک واقعی یادگار مجلہ تیار کیا جسے علمی دنیا میں ہاتھوں ہاتھ لیا گیا اور اس کے بعد سہیل صاحب نے پیچھے مڑ کر نہیں دیکھا اور ۲۰۱۲ء میں مولانا پر لکھے گئے مضامین اور ان کے کچھ اداریوں کا مجموعہ "مولانا محمد عثمان فارقلیط، حیات و خدمات" کے نام سے شائع کیا جو ۲۵۶؍ صفحات پر مشتمل تھا۔

اس کے بعد انھوں نے اس سلسلہ کو آگے بڑھاتے ہوئے مزید کاوش کی اور ۲۰۱۴ء

میں ۳۰۴/ صفحات پر مشتمل ایک اور کتاب "عظیم صحافی مولانا محمد عثمان فارقلیط کے منتخب اداریے" شائع کی جس میں مولانا کے ڈیڑھ سو سے زائد اداریوں اور مضامین کو شامل کیا گیا ہے۔ کتاب بہت مقبول ہوئی اور اب شائقین کو تلاش کے بعد بھی نہیں مل پارہی ہے۔ سہیل انجم پر مسلسل اس کا تقاضا تھا وہ اس کا دوسرا ایڈیشن شائع کریں۔

اس کے پیش نظر انھوں نے سابقہ دونوں کتابوں پر از سر نو نظر ڈالی اور مزید مضامین اور اداریے جو دستیاب ہوئے انھیں شامل کتاب کر کے ایک تیسری کتاب مرتب کر دی۔ یہ کتاب "مولانا محمد عثمان فارقلیط: صحافی، مناظر، مفکر" چار ابواب پر مشتمل ہے۔ ابتدا میں مرتب کا پیش لفظ ہے جس میں مولانا فارقلیط کے احوال و خدمات کا جائزہ لیا گیا ہے۔ دوسرا مضمون مولانا فارقلیط کے صاحبزادے محمد فاروق کا ہے "ہمارے والد مولانا محمد عثمان فارقلیط"۔ اس میں انھوں نے تفصیل کے ساتھ مولانا کے گھریلو احوال پر لکھا ہے جو ان کے علاوہ کوئی اور نہیں لکھ سکتا تھا۔ اس کے علاوہ پروفیسر اختر الواسع کا مضمون "قلم کی حرمت کے امانت دار" اور فاروق ارگلی کا "مایہ ناز صحافی" ہے۔

پہلا باب: حرفِ اعتراف ہے جس میں ملک کے اٹھارہ اہل قلم نے مولانا فارقلیط کو خراج عقیدت پیش کیا ہے اور ان کے فکر و فن پر روشنی ڈالی ہے۔ جن میں مولانا امداد صابری، مالک رام، مولانا قاضی اطہر مبارکپوری، پروفیسر نثار احمد فاروقی، پروفیسر ضیا الحسن فاروقی، مولانا عبد الماجد دریابادی، مولانا اخلاق حسین قاسمی اور مولانا عتیق الرحمن سنبھلی جیسے نامور لوگ شامل ہیں۔

دوسرا باب: خود نوشت ہے۔ الجمعیۃ سے سبکدوشی کے بعد مولانا نے آزادی سے پہلے اور آزادی کے بعد کے عنوان سے اپنے حالات لکھنے شروع کیے تھے جو مکمل نہ ہوسکے۔ یہ حالات آزادی سے پہلے اخبار زمزم لاہور کے زمانے تک ہیں۔ اس کے بعد

کے حالات مولانا کے چچازاد بھائی سلیمان صابر نے لکھے ہیں۔ اس باب میں مولانا کے دو اداریے بھی ہیں۔ ایک روزنامہ الجمعیۃ کا پہلا اداریہ اور دوسرا اس کا بالکل آخری اداریہ جس کے بعد مولانا الجمعیۃ سے سبکدوش ہو گئے۔

تیسرا باب: مولانا محمد عثمان فارقلیط کے منتخب مضامین ہے جس میں مولانا کے دو درجن سے زائد انتہائی اہم مضامین ہیں۔

چوتھا باب: مولانا محمد عثمان فارقلیط کے منتخب اداریے ہے جو کتاب کا سب سے اہم باب ہے اور کتاب کی نصف ضخامت کے بقدر ہے۔ اس کے ذیلی عناوین یہ ہیں:

مسلمانوں سے خطاب ۔ عالم اسلام۔ فرقہ وارانہ فسادات۔ اخبارات کا رول اور رویہ۔ ہندو مسلم اتحاد اور قومی یکجہتی۔ اردو کا مسئلہ ۔ سنگھ پریوار اور ہند و پاک تعلقات۔

کتاب کے مرتب سہیل انجم صاحب خود معروف صحافی وادیب اور تحقیقی مزاج، منفرد انداز اور دلآویز اسلوب کے حامل صاحب قلم ہیں جن کی نگارشات متعدد اخبارات کی زینت بن رہی ہیں۔ سہیل صاحب نے ۱۹۵۸ء میں ضلع بستی (موجودہ سنت کبیر نگر) میں ایک علمی خانوادہ میں آنکھیں کھولیں۔ ان کے والد مولانا ڈاکٹر حامد الانصاری انجم ایک معتبر عالم، بہترین ادیب وشاعر اور اعلیٰ پایے کے مقرر تھے، سہیل صاحب نے اپنی 'نقش بر آب' میں اپنے والد ماجد کا بڑا عمدہ خاکہ لکھا ہے۔

سہیل انجم ۱۹۸۵ء سے میدانِ صحافت سے وابستہ ہیں۔ وہ اپنی خوش گفتاری، سنجیدہ مزاجی اور اعلیٰ کارکردگی کے ساتھ اپنی شگفتہ نگاری اور حق گوئی وبے باکی کی وجہ سے پہچانے جاتے ہیں۔ ان کے ہزاروں مضامین ومقالات اور درجنوں کتابیں شائع ہو کر قبول عام حاصل کر چکی ہیں۔ ان کی متعدد کتابوں کو مختلف اکیڈمیوں کی جانب سے انعام سے نوازا گیا ہے۔ ابھی گزشتہ سال اردو اکیڈمی لکھنؤ نے ان کی کتاب "نقش بر سنگ" کو

پچیس ہزار روپے کے انعام سے نوازا اور اسی سال مغربی بنگال اردو اکیڈمی نے اس کتاب کو پندرہ ہزار روپے کا انعام دیا۔ وہ ۲۰۰۲ء سے عالمی نشریاتی ادارے وائس آف امریکہ سے منسلک ہیں۔

اس کتاب کی ترتیب و اشاعت پر سہیل انجم صاحب لائق صد مبارکباد ہیں کہ ان کی کاوشوں کی بدولت علم و صحافت کی موجودہ دنیا مولانا فارقلیط جیسے عظیم صحافی و صاحب قلم سے متعارف ہوئی۔ رب کریم اسے قبول عام کی دولت سے نوازے۔ آمین۔

***

لوگ جہاں میں۔۔۔ اچھے -ڈاکٹر رفیع الدین ہاشمی

مبصر: عمران ظہور غازی

کتاب: لوگ جہاں میں۔۔۔ اچھے

مصنف: ڈاکٹر رفیع الدین ہاشمی

صفحات: ۲۸۸، قیمت: ۷۰۰ روپے

ناشر: اسلامی پبلی کیشنز، منصورہ ملتان روڈ، لاہور

"لوگ جہاں میں۔۔۔ اچھے" ڈاکٹر رفیع الدین ہاشمی کے لکھے ہوئے خاکوں اور وفیات ناموں کا خوب صورت، دلچسپ اور دلکش مجموعہ ہے جو پڑھنے کے لائق ہے۔

یہ معروف معنوں میں تو خاکے اور وفیات نامے ہیں جو کسی بھی رخصت ہو جانے والی شخصیت کی خوبیوں، عادات و اطوار، چال چلن، گفتگو، تقریر و تحریر، لباس، نشست و برخواست، افکار و نظریات کے بیان پر مبنی ہیں جن سے شخصیت کا پورا نقشہ سامنے آجاتا ہے۔ خاکہ نگاری کو اس دور میں کچھ زیادہ ہی عروج ملا۔ لیکن آج کا دور ڈیجیٹل دور میں ڈھل رہا ہے اور پرانے تمام آثار آہستہ آہستہ مٹ رہے ہیں۔

اس کتاب میں چنیدہ اور منتخب افراد کا تعارف یا خاکے ہیں، ان میں زیادہ تر لکھنے پڑھنے والے Self made افراد، اساتذہ، شاعر، ادیب، تحقیق کار، ایڈیٹر، ماہرینِ اقبالیات، لسانیات، نقادانِ ادب شامل ہیں۔ زیادہ تر پاکستانی، کچھ بھارت سے اور کچھ

ایسے ہیں جو دیارِ غیر میں مقیم رہے، اور کچھ سید مودودیؒ کی فکر اور جماعت سے وابستہ افراد بھی ہیں۔

ڈاکٹر رفیع الدین ہاشمی نے جہاں اپنے تاثرات و مشاہدات سے کام لیا ہے، وہیں دوسروں کی تحریروں سے بھی کام لیا (خاص بات یہ ہے کہ کہیں سے اگر جملہ لیا ہے یا پیراگراف، تو بلاحوالہ نہیں لیا)۔ یہ خاکے کچھ تفصیلی، کچھ مختصر اور کچھ تاثراتی ہیں، لیکن ہیں مزے مزے کے۔ ان کو صرف خاکے نہیں کہہ سکتے، یہ کچھ اور چیز لگتے ہیں۔ ڈاکٹر رفیع الدین ہاشمی نے لکھنے کی محض رسم نہیں نبھائی بلکہ جس کے بارے میں لکھا ہے، دل سے لکھا ہے، بلکہ جس کو جیسا پایا ویسا اُس کا سراپا کھینچ دیا۔۔۔ گویا چلتا پھرتا متحرک انسان ہے۔ انسان خوبیوں اور خامیوں کا مجموعہ ہے، فرشتہ نہیں۔ یہ حقیقی خاکے، شخصیات کا حقیقی تعارف کراتے ہیں۔

ڈاکٹر رفیع الدین ہاشمی کی اپنی شخصیت کسی انجمن سے کم نہیں، مرنجاں مرنج اور خوش ذوق۔۔۔ گو ان کی پہچان ماہرِ اقبالیات کی ہے لیکن وہ ایک اچھے اور مثالی استاد، ایڈیٹنگ اور اشاریہ سازی، زبان و ادب اور اقبالیات کا بڑا نام، سفرنامہ نگار، خطوط نگار، مؤلف، تحقیق کے رمز شناس ہیں اور چلتی پھرتی تاریخ ہیں۔ "لوگ جہاں میں اچھے" کے خود بھی مصداق ہیں۔ اس کتاب کا انتساب انہوں نے اپنی مادرِ علمی گورنمنٹ کالج سرگودھا اور اورینٹل کالج لاہور کے نام کیا ہے۔ پیش گفتار میں ڈاکٹر خورشید رضوی نے نہایت عمدگی سے حقِ دوستی ادا کیا ہے، جن کا نام بھی معتبر اور کام بھی معتبر ہے۔

ان میں سے بعض خاکے "سیارہ" لاہور، "فرائیڈے اسپیشل" کراچی اور ہفت روزہ "ایشیا" لاہور میں چھپ چکے ہیں۔ چند نام درج ہیں:

بھارت سے ڈاکٹر ابن فرید، پروفیسر اسلوب احمد انصاری، جگن ناتھ آزاد، ڈاکٹر

خلیق انجم، شمس الرحمن فاروقی، ڈاکٹر سید عبدالباری، شبنم سبحانی، ڈاکٹر کبیر احمد جائسی۔۔۔ پاکستان سے ڈاکٹر عبدالوحید قریشی، ڈاکٹر وزیر آغا، ڈاکٹر افتخار احمد صدیقی، جسٹس (ر) ڈاکٹر جاوید اقبال، خرم مراد، ڈاکٹر جمیل جالبی، سید امجد الطاف، پرویز گوہر صدیقی، حفیظ الرحمن احسن، ڈاکٹر غلام حسین ذوالفقار، سید عبدالعزیز مشرقی، پروفیسر سید وقار عظیم، ملک نواز اعوان اور اٹلی سے ڈاکٹر دیتو سالیر نو، لندن سے حاشر فاروقی اور عبدالرحمن بزمی۔

ڈاکٹر رفیع الدین ہاشمی کی تحریر کی خوبی ہے کہ وہ شعروں، اقتباسات اور مشاہدات، سفر و حضر کو ایسے انداز میں تحریر میں سمو لیتے ہیں کہ تحریر زیادہ دل کش بن جاتی ہے۔ پھر یہ کہ وہ جو لکھتے ہیں حوالہ جات کے ساتھ۔ چاہے کسی کتاب پر تبصرہ کیوں نہ ہو، بلا حوالہ نہیں لکھتے۔ ان خاکوں میں بے ساختہ پن، روانی، شستگی اور اسلوبِ بیان قاری کی توجہ اِدھر اُدھر نہیں ہونے دیتے۔ اقبالیات کے ساتھ گہرے تعلق اور وابستگی کے باعث وہ اقبال کا تذکرہ کسی نہ کسی طرح لے آتے ہیں اور وہ اچھا لگتا ہے۔ عمل پر ابھارنے، کچھ کر گزرنے کا حوصلہ بخشنے اور انگیخت کرنے والے یہ خاکے مقصدی ادب کا خوگر بناتے ہیں۔ ڈاکٹر ہاشمی چونکہ خود اسلامی ادبی حلقے کے فکری رہنما شمار ہوتے ہیں، اس لیے وہ اپنے مقصد کو نظروں سے اوجھل نہیں ہونے دیتے۔ یہ خاکے جہاں نئے لکھنے والوں کے لیے راہنما ہیں، وہیں اپنی تہذیب و اقدار کو سنبھالنے اور زندہ رکھنے میں ایک مضبوط معاون ہیں۔ اسلامک پبلی کیشنز نے کتاب کو اچھے اور دیدہ زیب انداز میں طبع کیا ہے اور قیمت بھی زیادہ نہیں ہے۔

***

نبی ﷺ ہمارے (منظوم سیرتِ پاک ﷺ بچوں کے لیے): گوہر اعظمی

مبصر: ڈاکٹر محمد سہیل شفیق

کتاب: نبی ﷺ ہمارے (منظوم سیرت پاک سل می بینم بچوں کے لیے)
مصنف: گوہر اعظمی
صفحات: ۲۲۰، قیمت: ۵۰۰ روپے
ناشر: جہانِ حمد پبلی کیشنز کراچی

اردو زبان کا دامن نگارشاتِ سیرت سے نہ صرف یہ کہ باثروت ہے بلکہ عربی زبان کے بعد اردو زبان ہی کو یہ اعزاز حاصل ہے کہ سیرتِ طیبہ ﷺ پر سب سے زیادہ کتابیں، مضامین و مقالات اسی زبان میں لکھے گئے ہیں۔ عالمانہ، تاریخی اور تحقیقی کتابوں کے علاوہ سیرتِ نبی کریم ﷺ کو قصے کے انداز میں یعنی ادیبانہ اسلوب میں بھی پیش کیا گیا ہے۔ اسی طرح منظوم کتبِ سیرت بھی اردو سیرت نگاری کا ایک اہم حصہ ہیں۔

پیشِ نظر کتاب "نبی ﷺ ہمارے" بالخصوص بچوں کے لیے سیرتِ طیبہ ﷺ پر لکھی گئی منظوم کتاب ہے، جس میں آپ ﷺ کی حیاتِ طیبہ کے تقریباً تمام اہم واقعات کو ۸۰ سے زائد عنوانات کے تحت نظم کیا گیا ہے۔ اس میں دنیا کے حالات و

مذاہب کی کیفیت، چاہِ زم زم کی تلاش اور کھدائی، واقعہ اصحابِ فیل، آپ ﷺ کی ولادت باسعادت، پرورش، سفر شام، حربِ فجار اور حلف الفضول میں شرکت، تجارت، شادی، تجدیدِ تعمیر کعبہ، اعلانِ نبوت، مخالفتِ قریش، ہجرتِ حبشہ، سوشل بائیکاٹ، عام الحزن، سفر طائف، اسراء و معراج، ہجرتِ مدینہ، مسجدِ نبوی کی تعمیر، مواخات، میثاقِ مدینہ، اذنِ جہاد، زکوٰۃ اور رمضان کے روزوں کی فرضیت، تحویلِ کعبہ، غزوات و سرایا، صلح حدیبیہ، فتح مکہ، حجۃ الوداع، اخلاقِ نبوی اور بچوں پر شفقت وغیرہ شامل ہیں۔ آخر میں بچوں کے لیے ایک نثری تحریر بھی ہے جس میں قرآن، سنت اور حدیث کی اہمیت وضرورت پر اختصار کے ساتھ عام فہم انداز میں روشنی ڈالی گئی ہے۔ اس کے علاوہ چند منتخب احادیثِ نبویہ کا منظوم ترجمہ بھی شامل ہے۔ علاوہ ازیں بعض مقامات پر نمبر لگا کر حاشیے میں ضروری معلومات فراہم کی گئی ہیں جس سے اس نظم میں بیان کردہ واقعے کو سمجھنا مزید آسان ہو جاتا ہے۔

کتاب کا نام صوفی غلام مصطفیٰ تبسم کی ایک نعت "نبی ﷺ ہمارے" سے لیا گیا ہے، اور کتاب کی ابتدا میں حمدِ باری تعالیٰ کے بعد صوفی غلام مصطفیٰ تبسم کی وہ نعت بھی شاملِ کتاب ہے۔

بچوں کو سیرت النبی ﷺ سے روشناس کرانے کی یہ ایک عمدہ کاوش ہے۔ اس کی بدولت بچوں کے لیے نظم کی صورت میں حیاتِ طیبہ ﷺ کے اہم واقعات کو سمجھنا اور یاد کرنا آسان ہو گا۔ چونکہ یہ کتاب بطورِ خاص بچوں کے لیے لکھی گئی ہے لہٰذا اس کے اسلوب اور الفاظ کے چناؤ پر خاص توجہ دی گئی ہے۔ اس کتاب کی ایک اہم بات یہ ہے کہ بچوں کو انبیائے کرام علیہم السلام اور ان کی مقصدِ بعثت سے بھی آگاہ کیا گیا ہے۔ جیسا کہ پہلی نظم "اللہ تعالیٰ اور اس کے پیغمبر" میں اللہ تعالیٰ کی نعمتوں کا ذکر کرنے کے بعد

صاحبِ کتاب لکھتے ہیں:

پیارے بچو! کس طرح اس کی عبادت ہم کریں
نعمتیں جو اس نے دی ہیں کیسے ان کا دم بھریں
یہ بھی خود اللہ تعالیٰ نے بتایا ہے ہمیں
اور خود اس کا طریقہ بھی سکھایا ہے ہمیں
یہ بتانے کے لیے بھیجے نبی اس نے کئی
اپنے پیغامات سے دِیں کی انھیں تعلیم دی
حضرتِ آدم ہیں رب کے اولیں پیغام بر
آخری حضرت محمد ﷺ سیدی، خیر البشر

سیرت کے کسی ایک واقعے کو بیان کرنے کے بعد آخری اشعار میں بچوں کے لیے اخلاقی و اصلاحی پیغام بھی دیا گیا ہے، جیسا کہ واقعہ اصحابِ فیل کو بیان کرنے کے بعد آخری اشعار میں صاحبِ کتاب لکھتے ہیں:

ہاتھیوں والوں کا عبرت ناک ہے یہ واقعہ
اور عام الفیل کی اس سے ہوئی ابتدا
پیارے بچو! ہر برائی کا برا انجام ہے
بالمقابل حق کے باطل تو سدا ناکام ہے

اس کتاب کے مصنف بزرگ شاعر اور ادیب محترم انصار الحق قریشی (پ: ۱۹۳۷ء) ہیں جو علمی حلقوں میں گوہرؔ اعظمی کے قلمی نام سے معروف ہیں۔ پیشے کے اعتبار سے آپ انجینئر ہیں اور بلدیہ عظمیٰ کراچی میں ڈائریکٹر جنرل ٹیکنیکل سروسز کے عہدے پر اپنی خدمات انجام دے چکے ہیں۔ علاوہ ازیں آپ نے حکومتِ سندھ کی اجازت سے

بحیثیت فنی مشیر (۱۹۷۲ء تا ۲۰۱۵ء) کراچی اور ملک کے دوسرے شہروں میں بہت سی کثیر المنزلہ عمارتوں، کارخانوں، فلیٹوں اور بنگلوں کے اسٹرکچر بھی ڈیزائن کیے ہیں۔ ساتھ ہی ساتھ آپ علم و ادب سے گہری وابستگی رکھتے ہیں۔ تقدیسی ادب اور ادبِ اطفال سے آپ کو خاص دلچسپی ہے۔ اس حوالے سے آپ کی تاحال ۲۲ کتابیں شائع ہو چکی ہیں۔ دعا ہے کہ اللہ تعالیٰ آپ کے علم و عمر میں برکتیں عطا فرمائے اور توفیقات میں مزید اضافہ فرمائے۔ آمین

٭ ٭ ٭

نقاط ۱۹ (نئے ادب کا ترجمان)، (خصوصی شمارہ: جولائی ۲۰۲۳ء)

مبصر: عرفان جعفر خان

کتاب: نقاط ۱۹ (نئے ادب کا ترجمان) (جولائی ۲۰۲۳ء)

خصوصی شمارہ: (ہمارے سماج کا بنیادی مسئلہ کیا ہے)

ادارت: قاسم یعقوب، معاونین: فیاض ندیم، عرفان حیدر

صفحات: ۱۷۶، قیمت: ۵۰۰ روپے

اشاعت: پلازہ، ۳۸ اردو بازار، لاہور

'نقاط' کے اس خاص شمارے کو اس اہم سوال کے لیے وقف کیا گیا کہ ہمارے سماج کا بنیادی مسئلہ کیا ہے؟ اگرچہ یہ شمارہ خالص ادب کا نمائندہ نہیں مگر اس شمارے کے اِس سوال کا ادب سے گہرا اور بنیادی تعلق ہے۔ ہمارے خواب، ہماری خواہشیں اور مقاصد سب اسی ایک مسئلے سے جڑے ہوئے ہیں۔ دانش ور حضرات نے جن مسائل پر اپنا نقطہ نظر پیش کیا ہے، ان سب پر غور و فکر کی ضرورت ہے۔

ہم بہ حیثیت سماج ہر لمحہ تاثراتی اور جذباتی صورتِ حال میں گھرے رہتے ہیں، اور یہ ہم سب کا روز مرہ کا مسئلہ اور تجربہ ہے۔ یہ بات سمجھنے کی ہے کہ بنیادی مسائل کا تعین خالصتاً فلسفیانہ کارگزاری ہے۔ فلسفیانہ عمل اپنی اصل میں منطقی اور عقلی ہوتا ہے، جو تاثر کے مقابلے میں زیادہ گہرا، عمیق اور معروضی ہے۔ ہمارے بہت سے سرسری مسائل

شاید وقتی اہمیت کے باوجود بنیادی مسائل نہیں ہیں۔

ظواہر سے اصل تک رسائی کا مطالبہ ہر سماج میں دانش ور طبقے کی موجودگی کا جواز ہے۔ دانش ور سماجی حرکیات پر نظر رکھتا ہے اور مختلف ظواہر کی تہہ میں کارفرما آئیڈیالوجی تک رسائی حاصل کرتا ہے۔ دانش ورانہ سطح پر مسائل کی شناخت کا مرحلہ متنوع فکری تناظرات کا حامل ہوسکتا ہے۔ زندگی کی رنگارنگی اور خود سماجی مسائل کی پیچیدگی، رسائی کے مختلف النوع فکری طریقوں کا مطالبہ کرتی ہے۔ اس شمارے کے محتویات میں ڈاکٹر ناصر عباس نیر نے ہمارے سماج کے بنیادی مسائل کی طرف گہرائی سے راہ نمائی فرمائی ہے۔ سید کاشف رضا نے زندگی کے ایک منفی اور قدامت پرستانہ رویّے کو پاکستانی سماج کا بنیادی مسئلہ قرار دیا ہے۔ افتخار بیگ اور توقیر ساجد کھرل بھی ذہنی پسماندگی کو بنیادی مسئلہ قرار دیتے ہیں۔ نعیم بیگ نے تعلیمی فقدان سے جنم لینے والی صورتِ حال پر بات چیت کی ہے۔ ڈاکٹر فاروق عادل مسائل کی اصل وجہ طاقت ور طبقات کے منفی اثرات کو قرار دیتے ہیں۔ وہ مزید لکھتے ہیں کہ ریاست اپنے عوام پر جو ذمہ داریاں عائد کرتی ہے، ان کے بدلے میں وہ انہیں کچھ یقین دہانیاں کراتی ہے جیسے جان کے تحفظ کی یقین دہانی، روٹی، کپڑا اور مکان کے تحفظ کی یقین دہانی وغیرہ۔ عوام ان یقین دہانیوں پر اعتماد کرکے اپنے حصے کی ذمہ داری پوری کرتے ہیں لیکن طاقت ور طبقات کو اپنے دیئے ہوئے وسائل پر اللے تللے کرتے دیکھتے ہیں تو ان میں ایک خوف ناک احساس جنم لیتا ہے، یہی احساس ہے جس کے نتیجے میں عوام کا اپنے ملک پر ملکیت کا احساس کمزور ہوتے ہوئے بالآخر معدوم ہو جاتا ہے۔ طارق ہاشمی نے غیر تخلیقی ماحول کو مسائل کی بنیاد قرار دیا ہے۔ نسیم سید نے سماج میں مکالمے کی تہذیب سے ناواقفیت پر توجہ مرکوز کی ہے۔ حفیظ خان مایوسی، جب کہ آغا ندیم سحر مایوسی اور اس کے نتیجے میں خودکشی کو بڑا مسئلہ

قرار دیتے ہیں۔ حمزہ یعقوب نے سماجی بیگانگی کے نتیجے میں افراد کے باہمی بیگانہ پن کو بنیادی مسئلہ قرار دیا ہے۔ افشاں نور نے تنہائی کو موضوعِ سخن بنایا ہے۔ ضیا المصطفیٰ ترک نے سماج میں فرد کے انہونی خوف کو بنیادی موضوع بنایا ہے۔ تنویر زمان نے منصوبہ بندی کے فقدان کو مسئلہ قرار دیا ہے اور صائمہ کاردار نے اس کے نتیجے میں بڑھتی ہوئی آبادی کے مسئلے پر زور دیا ہے۔ محمد علی سید نے عدالتی نظام کی کمزوریوں کو آشکار کیا ہے، جب کہ سید عون ساجد نے قانون شکن ذہنیت کو مسئلہ قرار دیا ہے۔ عثمان اعجاز اور منظور اعجاز نے کمزور معیشت اور وسائل کی غیر منصفانہ تقسیم کو بہت اہم مسئلہ لکھا ہے۔ فارینہ الماس نے مذہبی انتہا پسندی کے رویّے کی طرف اشارہ کیا ہے۔ یاسر اقبال مسالک میں بکھری ہوئی قوم کا المیہ بیان کرتے ہیں۔ فیاض ندیم اپنی نسلوں کی خود غرضانہ تربیت کا بڑوں کو ذمہ دار قرار دیتے ہیں۔ تقی سید، حنا جمشید، صفیہ حیات، اصغر بشیر، محمد شعیب، نوید نسیم، پروین طاہر، عبد اللہ اور قاسم یعقوب نے ہمارے بنیادی مسائل کو بہت سلجھے ہوئے اور آسان انداز میں بیان کیا ہے۔

نقاط کا یہ شمارہ ہمارے سماجی مسائل پر مباحثے کا دعوت نامہ ہے۔ شمارہ سفید کاغذ پر عمدہ طبع ہوا ہے۔

***

محمد ﷺ سے وفا: ڈاکٹر عابد شیر وانی

مبصر: ڈاکٹر محمد سہیل شفیق

کتاب: محمد ﷺ سے وفا

مصنف: ڈاکٹر عابد شیر وانی

صفحات: ۲۴۰، قیمت: ۶۰۰ روپے

ناشر: الناشر پریس

پیشِ نظر کتاب کا نام علامہ محمد اقبالؒ کی مشہور نظم "جوابِ شکوہ" کے لازوال شعر

کی محمدؐ سے وفا تُو نے تو ہم تیرے ہیں
یہ جہاں چیز ہے کیا لوح و قلم تیرے ہیں

سے ماخوذ ہے۔ کلامِ اقبال کی شرح کے حوالے سے ڈاکٹر عابد شیر وانی (ایڈووکیٹ ہائی کورٹ) کی یہ دوسری کتاب ہے۔ یہ کتاب علامہ محمد اقبال کی دو مشہور نظموں "شکوہ" اور "جوابِ شکوہ" کے تقابلی مطالعے اور شرح پر مشتمل ہے۔ شیر وانی صاحب نے نہ صرف کلامِ اقبال کو بصد شوق و اشتیاق پڑھا اور سمجھا ہے بلکہ اسے عام قارئین کو سمجھانے کی بھی کوشش کی ہے۔

شیر وانی صاحب کی یہ شرح صرف شرح نہیں ہے بلکہ ان نظموں کا تاریخی اور تہذیبی پس منظر بھی ہے، اور اب تک کے اقبالیاتی مطالعے سے اس لحاظ سے مختلف بھی

ہے کہ اس میں قوانین، تعزیرات اور دساتیر کے حوالے موجود ہیں، ریاست کی حفاظت کیسے کی جاتی ہے، ملّت اور امت کا تصور کیا ہے، اس کا نظامِ تعلیم، نظامِ اخلاق، نظامِ قانون، نظامِ سیاست اور دستور کیسے تشکیل پاتا ہے، پر تفصیلاً روشنی ڈالی گئی ہے۔

شیر وانی صاحب نے اس کتاب میں نظم "شکوہ" کے ہر بند کا جواب "جوابِ شکوہ" سے اس بند کے ساتھ ہی بیان کیا ہے تاکہ "شکوہ" کے بند میں جو بات شاعر نے بیان کی ہے اس کا جواب اسی بند کے ساتھ "جوابِ شکوہ" سے مل جائے۔ جہاں ضرورت محسوس ہوئی وہاں تجزیہ اور تقابلی جائزہ بھی پیش کیا ہے۔ اس طرح قاری کے سامنے دونوں نظموں کے مضامین بیک وقت آجاتے ہیں۔

قارئین کی سہولت کے لیے آخر میں ایک جدول بھی دیا گیا ہے جس میں "شکوہ" کے تمام بندوں کے سامنے اس شرح کے لحاظ سے "جوابِ شکوہ" کے بند لکھ دیے گئے ہیں۔ علاوہ ازیں ہر شعر کے نفسِ مضمون کے لحاظ سے مشکل الفاظ کے لغوی اور مجازی معنی، شعر کا بامحاورہ آسان ترجمہ اور مفصل تشریح دی گئی ہے، اور ان نظموں میں استعمال ہونے والی علامات، تلمیحات، تشبیہات، استعارات اور کنایات وغیرہ کو کھول کر بیان کیا گیا ہے تاکہ ایک عام قاری کے ذہن کی رسائی کلامِ اقبال کی روح تک ہو سکے۔

جہاں تک اس شرح کی زبان و بیان کا تعلق ہے، اس حوالے سے پروفیسر خیال آفاقی صاحب کا یہ کہنا بالکل بجا ہے کہ تمام تر تحریر سلاست، حلاوت اور ہر اُن اوصاف سے متصف ہے جو کسی پاکیزہ اور ادبی تحریر کا خاصہ ہوتے ہیں۔ کوئی تصنع، کوئی غیر ضروری صنائع بدائع کا استعمال نہیں، نہ ہی محض لفاظی کی سمع خراشی۔۔۔ بس شروع تا آخر حقیقت آفرینی، بے ساختگی اور سب سے بڑھ کر اندازِ تفہیم، جس کے ذریعے زبان سے نکلی ہوئی بات دل نشین ہوتی چلی جائے۔

یقیناً پیشِ نظر کتاب "محمد ﷺ سے وفا" اقبالیاتی ادب میں ایک عمدہ اضافہ ہے، جس کے لیے صاحبِ کتاب ڈاکٹر عابد شیر وانی لائقِ تحسین و قابلِ مبارک باد ہیں۔

***

اسپین: اقبال کا دوسرا خواب – ڈاکٹر عابد شیروانی
مبصر: ڈاکٹر محمد سہیل شفیق

کتاب: اسپین اقبال کا دوسرا خواب
مصنف: ڈاکٹر عابد شیروانی
صفحات: ۲۴۰، قیمت: ۶۰۰ روپے
ناشر: الناشر پریس

حکیم الامت علامہ محمد اقبالؒ تیسری گول میز کانفرنس میں شرکت کے لیے ۱۹۳۲ء میں لندن گئے اور وہاں سے واپس آتے ہوئے اسپین کے شہر قرطبہ میں قیام کیا۔ ویسے تو مسجدِ قرطبہ میں اذان اور نماز پر پابندی تھی لیکن اقبالؒ نے اسپین کی حکومتِ وقت سے اجازت لے کر مسجد میں اذان دی اور نماز بھی ادا کی۔ قرطبہ میں قیام کے دوران ہی اقبال نے اپنی شاہکار نظم "مسجدِ قرطبہ" لکھی۔

علامہ محمد اقبالؒ کی ایسی بہت سی مشہور نظمیں ہیں جن میں مسلمانوں کے شاندار ماضی کا موازنہ عصرِ حاضر کی زبوں حالی سے کیا گیا ہے۔ "مسجدِ قرطبہ" کا شمار بھی ایسی ہی موضوعاتی نظموں میں ہوتا ہے، جس کے بارے میں ماہرینِ اقبالیات کا یہ کہنا ہے کہ اگر اقبال کچھ اور نہ لکھتے اور صرف یہی ایک نظم لکھتے، تب بھی وہ اردو کے اتنے ہی بڑے شاعر ہوتے۔

اسپین میں مسلمانوں کے شاندار ماضی کو چشمِ تصور سے دیکھ کر اور یہاں مسجدِ قرطبہ کی ویرانی کے حالیہ منظر سے اقبال رنجیدہ خاطر ہوئے، لیکن ان مسلمانوں کے اعلیٰ کردار اور جذبۂ جہاد کی دل کھول کر داد دی جنھوں نے انتہائی قربانیاں دے کر اس سرزمین پر خلافتِ اسلامی کے قیام کو ممکن بنایا۔ اقبال نے مسجدِ قرطبہ کو دیکھ کر عالمِ اسلام کو اس کے پُرشکوہ اور شاندار ماضی کی یاد دلائی۔ اس نظم میں اقبال نے یورپی اقوام کو عام طور پر اور اندلسیوں کو خاص طور پر مخاطب کیا۔ جبر و استبداد کے مذہبی اور سیاسی نظاموں کے خلاف بے ثمر انقلابات، تحاریک اور طویل جنگوں سے تنگ اقوام کو اسلام کے مکمل اور ہمہ گیر نظام کو قبول کرنے کی ترغیب دی۔

اقبال شناس ڈاکٹر عابد شیر وانی کی پیش نظر یہ کتاب علامہ اقبال کی نظم "مسجد قرطبہ" کی ایک مفصل علمی اور تحقیقی نوعیت کی شرح ہے۔ اس شرح میں ہسپانیہ میں مسلمانوں کی آمد تا سقوطِ غرناطہ (۱۴۹۲ء) کی ایک مختصر تاریخ بھی ملتی ہے۔ فاضل شارح نے اقبال کے اس تخلیقی تجربے کی تہہ تک پہنچنے کی کوشش کی ہے جو مسجدِ قرطبہ کی نظم کی صورت میں منتج ہوا۔ انھوں نے اس تجربے کے جمالیاتی، تہذیبی، ادبی، روحانی، لسانی، سیاسی اور شاعرانہ پہلوئوں پر بھی بات کی ہے۔ شیر وانی صاحب کی وقیع تحقیق اور دقیق مطالعۂ تاریخ نے نظم "مسجدِ قرطبہ" کی تشریح اور تفہیم کو آسان اور بامقصد بنادیا ہے۔ مزید برآں صاحبِ کتاب نے ہر اُس مشکل لفظ، تلمیح اور پس منظر کو بہت مفصل لیکن جامع انداز میں موجودہ عصری تقاضوں کے مطابق اپنے قاری کو سمجھایا ہے جو کہ اقبال کی اس بظاہر مشکل نظم کے لیے ضروری تھا۔

***

نعت نامے بنام صبیح رحمانی-ڈاکٹر محمد سہیل شفیق

مبصر: ڈاکٹر داؤد عثمانی

کتاب: نعت نامی بنام صبیح رحمانی

ترتیب و تحقیق: ڈاکٹر محمد سہیل شفیق

صفحات: ۸٦٦، قیمت: ۳۰۰۰ روپے

ناشر: نعت ریسرچ سینٹر

"نعت نامے بنام صبیح رحمانی" کا جدید ایڈیشن مع اصلاحات و اضافات ہمارے پیش نظر ہے۔ یہ مجموعہ مکاتیب نعتِ رسول اکرم صلی اللہ علیہ والہ وسلّم کے بارے میں ایک ایسے اہم عہدِ ادب کی جھلک لیے ہوئے ہے جو بیسویں صدی کے آخری اور اکیسویں صدی کے پہلے عشرے یعنی دو صدیوں کے درمیان نعت کے حوالے سے اُن درخشاں سالوں پر محیط ہے جن میں صنفِ نعت اور اس سے متعلقہ موضوعات و مسائل کے حوالے سے رجحان ساز ادبی کام ہوا۔ ویسے تو نعت کے حوالے سے گزشتہ صدی کے آخری ربع میں تنقیداتِ نعت اور منتخباتِ نعت کے حوالے سے کئی کتابیں اور رسائل کے نعت نمبر چھپنا شروع ہو گئے تھے، مگر اس صنف۔۔۔ جسے بعض ناقدین اور مدیران 'موضوعِ محض' سمجھ کر مسلسل نظر انداز کیے ہوئے تھے۔۔۔ کے فنی محاسن اور اعلیٰ تخلیقی اقدار کے حامل نمونوں کی موجودگی کے باعث اب اِس کی طرف متوجہ ہونا شروع

ہوگئے تھے۔ ایسا صنفِ نعت کی تخلیق، تنقید، تدوین اور تحقیق میں مقدار اور معیار دونوں حوالوں سے ہوا اوراِن عشروں میں اس صنف نے سال بہ سال اور عشرہ بہ عشرہ اپنے سفر کا ہر قدم جست نما انداز میں طے کیا۔

"نعت نامے بنام صبیح رحمانی" کی اشاعتِ اول جولائی ۲۰۱۴ء میں ہوئی تھی جس میں ۱۸۵ مکتوب نگاروں کے ۵۰۰ سے زائد خطوط شامل تھے۔ اہلِ علم و دانش بالخصوص وابستگانِ نعت کی جانب سے اس کی بھرپور پذیرائی اور تحسین کے بعد اس کی جدید اشاعت میں ۲۱۹ اہلِ علم کے قریباً ایک ہزار خطوط شامل ہیں۔ اس ترتیب و انتخاب میں کتابی سلسلہ "نعت رنگ" کے مدیر سید صبیح رحمانی (جو بحیثیت ایک نعت خواں، نعت گو شاعر اور ادیب، نعتیہ ادب کے فروغ اور نقدِ نعت کے حوالے سے ایک نمایاں مقام رکھتے ہیں) کے نام لکھے گئے ایسے مکاتیب کو ترجیحاً پیش نظر رکھا گیا ہے جو علمی، ادبی، تحقیقی، تنقیدی نکات پر مشتمل ہیں۔

معروف محقق اور مورخ ڈاکٹر معین الدین عقیل کا یہ کہنا بالکل درست ہے کہ "مشاہیر کے مکاتیب کے مجموعے یا انتخابات تو بکثرت شائع ہوتے اور زیرِ مطالعہ آتے رہے ہیں لیکن موضوعاتی مکاتیب یا مکاتیب کو موضوعات کے تحت یکجا کرنے اور انھیں بطور ماخذ استعمال کرنے کا خیال ہماری اس روایت میں یکسر انوکھا اور اسی اعتبار سے مفید بھی ہے۔ اب نعت کا اور اس کے فن ورجحانات کا مطالعہ ان مکاتیب کی روشنی میں بھی کیا جاسکتا ہے، جو اس مجموعے میں شامل ہیں۔ اس مجموعے کو مزید افادیت سہیل شفیق صاحب نے اپنے اہتمام سے بخشی ہے، جنھیں جمع و ترتیب اور حاشیہ نگاری کا یوں بھی خوب سلیقہ ہے۔ متن کی ترتیب اور ضروری قطع وبرید سے موضوع کو نمایاں کرنے میں ان کا کمال یہاں ظاہر ہے، پھر اس پر مستزاد ان کی کاوشِ خاص کے سبب مکتوب نگاروں

اور متن کی موضوعی شخصیات پر تعارفی و تصریحی شذرات اس مجموعے سے استفادہ کرنے والوں اور ساتھ ہی رجال سے عمومی دلچسپی رکھنے والوں کے لیے مزید مفید ثابت ہوں گے۔ اپنی موضوعی افادیت کے باعث یہ مجموعہ ہر طرح خوش آئند ہے اور اسے بصداقتِ دل خوش آمدید کہنا چاہیے۔"

اس کتاب میں ان خطوط کی جمع آوری نعتیہ منظر نامے میں کئی مباحث اور مکالموں کے امکانات کی نشاندہی کرتی ہے۔ بقول محققِ نعت ڈاکٹر ریاض مجید "ان مکاتیب میں جن امور و مسائل کی نشان دہی ہوئی ہے وہ اہم ہی نہیں اردو نعت کے مستقبل کے حوالے سے مکالمے کے وسیع امکانات لیے ہوئے ہیں۔ ہر دور میں جزوی طور پر یا وضاحت کے ساتھ ان نکات پر مزید گفتگو ہو سکتی ہے، مکالمہ در مکالمہ ان میں سے کئی مضامین و موضوعات پر تلاش و تحقیق سے مقالے تحریر ہو سکتے ہیں۔ یہ ایک حقیقت ہے کہ مکاتیب میں فطری طور پر بعض ایسے امور در آتے ہیں جن کی گہرائی کا اکثر اوقات کہنے والے کو بھی پتا نہیں ہوتا، پڑھنے والے کی آنکھ کبھی پہلی بار پڑھتے ہوئے اور کبھی کئی سالوں بعد اس سے کئی کارآمد، مفید مطلب اور مکالمہ خیز مباحث اخذ کر لیتی ہے۔"

فاضل مرتب نے مکتوب نگاران اور خطوط میں مذکور ۳۵۰ سے زائد شخصیات کے مختصر کوائف (تاریخ پیدائش و وفات، علمی و ادبی حیثیت، تصنیفات و تالیفات اور اعزازات وغیرہ) کا تذکرہ حواشی میں کیا ہے اور ہر ممکن کوشش کی ہے کہ یہ تذکرہ درست، جامع اور مکمل (Updated) ہو۔ آخر میں مکتوب نگاران اور خطوط میں مذکور شخصیات کا اشاریہ بھی دیا گیا ہے جس سے اس مجموعہ مکاتیب کی افادیت میں مزید اضافہ ہو گیا ہے۔ فاضل مرتب کی محنت اور تحقیقی و علمی ذوق اس کی سطر سطر سے عیاں ہے۔

مکتوب نویسی کی تقریباً معدوم ہوتی روایت میں اس مجموعہ خطوط کی (مع اصلاحات و

اضافات) بارِ دگر اشاعت لائقِ تحسین اور تقدیسی ادب کے فروغ کے سلسلے میں ایک اہم اور منفرد کاوش ہے، جس کے لیے فاضل مرتب اور ادارہ نعت ریسرچ سینٹر کراچی لائقِ صد مبارک باد ہیں۔

* * *

تعارف کتاب: حدیث پر مستشرقین کے اعتراضات کا تحقیقی جائزہ- پروفیسر حافظ حسن عامر

مبصر: ڈاکٹر محمد سہیل شفیق

کتاب: حدیث پر مستشرقین کے اعتراضات کا تحقیقی جائزہ

مصنف: پروفیسر حافظ حسن عامر

صفحات: ۲۶۰، قیمت: ۸۰۰ روپے

ناشر: ورلڈ ویو پبلشرز لاہور

مغربی دنیا میں اسلامی موضوعات پر مستشرقین نے وسیع پیمانے پر تحقیقات کی ہیں اور مختلف موضوعات پر دائرۃ المعارف (Encyclopedia) تیار کیے ہیں۔ انھی میں سے ایک "شارٹر انسائیکلو پیڈیا آف اسلام" ہے، جسے انیسویں صدی کے دو مشہور مستشرق ہملٹن الیگزینڈر وسکین گب المعروف ایچ۔ اے۔ آر۔ گب، اور جو ہنسن ہنڈرک کریمرز معروف بہ جے۔ ایچ۔ کریمرز نے مرتب کیا ہے۔ مذکورہ انسائیکلو پیڈیا کی مقبولیت کا اندازہ اس بات سے لگایا جاسکتا ہے کہ ۱۹۳۵ء سے لے کر ۲۰۰۸ء تک تین زبانوں میں اس کے ۱۴۱ ایڈیشن شائع ہو چکے ہیں۔

پیشِ نظر کتاب "حدیث پر مستشرقین کے اعتراضات کا تحقیقی جائزہ Shorter

Encyclopedia of Islam کے تناظر میں" پروفیسر حافظ حسن عامر نے حدیث پر مستشرقین کے اعتراضات کا تحقیقی جائزہ اسی انسائیکلوپیڈیا کے تناظر میں لیا ہے۔ یہ کتاب دراصل پروفیسر عامر کا وہ تحقیقی مقالہ ہے، جس پر جامعہ کراچی نے انھیں ایم۔ فل۔ (علومِ اسلامیہ) کی سند تفویض کی ہے۔ اس مقالے میں فاضل مقالہ نگار نے احادیث اور روایت و درایتِ حدیث پر مستشرقین کے اعتراضات کا قرآن و سنت کی روشنی میں علمی و تحقیقی جواب دیا ہے اور عہدِ حاضر میں ردِّ استشراق کی ضرورت و اہمیت پر روشنی ڈالی ہے۔ ساتھ ہی حدیث و سنت کی اسلام میں حیثیت، تحریکِ استشراق کے تاریخی پس منظر، شارٹر انسائیکلوپیڈیا آف اسلام کے تعارف، اس کے منہجِ تحقیق، اسلوب، مصادرِ تحقیق اور معیارِ تحقیق پر علمی انداز میں نقد بھی کیا ہے، جس کی وجہ سے اس کتاب کی افادیت دوچند ہوگئی ہے۔ امید ہے کہ علمی حلقوں میں یہ کتاب استشراق شناسی میں معاون ثابت ہو گی۔

شارٹر انسائیکلوپیڈیا آف اسلام کے اس علمی و تحقیقی مطالعے سے یہ بات واضح ہوتی ہے کہ اس انسائیکلوپیڈیا کے مؤلفین نے بعض بالکل بدیہی معاملات کے بارے میں متعصبانہ طور پر منفی رائے کا اظہار کیا ہے اور بعض ایسی صاف اور واضح چیزوں کی انتہائی غلط تعبیرات کی ہیں، جو عقلِ سلیم کے بھی خلاف ہیں اور علمی اور تحقیقی اصولوں سے بھی متعارض ہیں۔ اس کی ایک وجہ یہ ہے کہ شارٹر انسائیکلوپیڈیا آف اسلام کے مؤلفین نے براہِ راست قرآن و سنّت یا کتبِ حدیث سے استفادہ نہیں کیا ہے بلکہ ثانوی مآخذ اور اپنی ہی کتابوں پر زیادہ انحصار کیا ہے۔ پروفیسر عامر نے اس بات کو نمایاں طریقے سے اجاگر کیا ہے اور علمی دنیا کے سامنے شارٹر کے مؤلفین کی نام نہاد تحقیق کا پردہ نہایت عمدگی سے فاش کیا ہے۔

پروفیسر حافظ حسن عامر ایک علمی خانوادے سے تعلق رکھتے ہیں۔ درس و تدریس سے وابستہ ہیں۔ اردو، فارسی، عربی اور انگریزی زبانوں پر مکمل عبور رکھتے ہیں۔ ان دنوں ڈی۔ جے۔ سندھ گورنمنٹ سائنس کالج میں بحیثیت صدر شعبہ اسلامیات خدمات انجام دے رہے ہیں۔ امید کی جاتی ہے کہ وہ آئندہ بھی اسی قسم کے مزید علمی اور تحقیقی کاموں سے تشنگانِ علم کو سیراب کرتے رہیں گے۔

کتاب ورلڈ ویو پبلشرز لاہور نے حسبِ روایت سلیقے سے شائع کی ہے اور قیمت بھی مناسب ہے۔

مغربی دنیا میں اسلامی موضوعات پر مستشرقین نے وسیع پیمانے پر تحقیقات کی ہیں اور مختلف موضوعات پر دائرۃ المعارف (Encyclopedia) تیار کیے ہیں۔ انھی میں سے ایک "شارٹر انسائیکلوپیڈیا آف اسلام" ہے، جسے انیسویں صدی کے دو مشہور مستشرق ہملٹن الیگزینڈر و سکین گب المعروف ایچ۔ اے۔ آر۔ گب، اور جو ہنسن ہنڈرک کریمرز معروف بہ جے۔ ایچ۔ کریمرز نے مرتب کیا ہے۔ مذکورہ انسائیکلوپیڈیا کی مقبولیت کا اندازہ اس بات سے لگایا جا سکتا ہے کہ ۱۹۳۵ء سے لے کر ۲۰۰۸ء تک تین زبانوں میں اس کے ۱۴ ایڈیشن شائع ہو چکے ہیں۔

٭٭٭

جب حضورؐ آئے- محمد متین خالد

مبصر: عرفان جعفر خان

کتاب: جب حضور آئے

ترتیب و تحقیق: محمد متین خالد

صفحات: ۴۸۹، قیمت: ۱۵۰۰ روپے

دستیابی: علم و عرفان پبلشرز، احمد مارکیٹ غزنی اسٹریٹ، اردو بازار، لاہور

سیرتِ نبوی صلی اللہ علیہ وسلم ایک ایسا موضوع ہے جس کی وسعت لامحدود اور جس کی لطافت بے نظیر ہے۔ جس طرح پرندے آسمان پر اڑتے ہیں مگر اوجِ ثریا کو نہیں پاسکتے، اسی طرح سیرتِ نبویؐ پر گفتگو کرنے والا اپنی محبت، عقیدت اور ہمت کے مطابق پروازِ تخیل کی تیزی کے باوجود سیرت کے کسی ایک گوشے پر سیر حاصل روشنی نہیں ڈال سکتا۔ حیاتِ طیبہ کی پاکیزگی اور جامعیت ایک ایسی بات تھی کہ قرآن کریم نے حضور علیہ الصلوٰۃ والسلام کی سچائی کی تائید میں حضورؐ کی زندگی کو مشرکین کے سامنے پیش کیا۔ یہی وجہ ہے کہ ہر دور میں اہلِ ایمان نے آپؐ کی حیاتِ نور کا ذکرِ جمال، محبت و عقیدت میں ڈوب کر کچھ اس ادا سے کیا ہے کہ تحریروں میں جان پڑ گئی اور لفظ بولنے لگے۔ آپؐ کی سیرت لکھنے والے قلم کو رب نے وہ ندرتیں اور قدرتیں بخشیں کہ ہر عہد کا ادبِ عالیہ اس نوری ادب سے شرمانے لگا۔

آج جب ہر طرف نفرتوں کی آگ دہک رہی ہے، تعصبات کے بت پوجے جارہے ہیں، مظلوموں اور مجبوروں کی عزت و آبرو اور جان ومال کو پامال کیا جارہا ہے، جب آتش کدۂ فارس بجھ گیا تھا، دریائے ساوہ خشک ہو گیا تھا اور کسریٰ کے محلات کے کنگرے گر گئے تھے۔ "جب حضورؐ آئے" میں جذب و عشق اور کیف و سرور سے لکھی وہ تحریریں ہیں جو حضور اکرمؐ کی ولادت باسعادت پر اعلیٰ حضرت امام احمد رضا خان بریلوی، سید ابوالاعلیٰ مودودی، مولانا ابوالحسن علی ندوی، راشد الخیری، شبلی نعمانی، سید سلیمان ندوی، شورش کاشمیری، مولانا ظفر علی خان، عبدالماجد دریابادی، نعیم صدیقی، ماہر القادری، اور اردو کے متعدد ادبانے اپنے خامہ عنبر فشاں سے لکھیں۔ یہ ایسی تحریریں ہیں جن سے خود یہ مصنّفین جاوداں ہوئے۔

مصنّفین کرام نے لمحہ مقدس پر اپنے جذباتِ عالیہ اور افکارِ عقیدت کا اظہار اس طرح کیا کہ کفر کے اندھیروں میں نورِ مجسم صلی اللہ علیہ وسلم کی آمد سے ہر طرف اجالا پھیل گیا۔ سرزمینِ حجاز جلوۂ حقیقت سے معمور ہوگئی، آتش کدوں کی آگ سرد ہوگئی، "صنم کدے ویران ہوگئے!" پوری دنیا کی آنکھیں کھل گئیں اور وہ ماہ 'کعبہ' کی طرف دیکھنے لگی جو درحقیقت آفتابِ دوعالم صلی اللہ علیہ وسلم تھے۔

جناب محمد متین خالد کو اللہ تعالیٰ نے ایک عظیم سعادت سے مشرف فرمایا اور بہ توفیقِ ایزدی انہوں نے اردو کے ذخیرۂ سیرت سے ذکرِ مصطفیٰ صلی اللہ علیہ وسلم کے پھول چن کر ایک خوب صورت گلدستہ ترتیب دے دیا۔ "جب حضور صلی اللہ علیہ وسلم آئے" ایک نہایت مبارک مجموعہ مضامین ہے۔ یہ مضامین صاحبانِ علم وحکمت کی فکرِ بلند کے عکاس ہیں اور سیرتِ پاکؐ پر بلند مرتبہ شخصیات کے خیالات ہیں جو ندرت کے حامل ہیں۔ بہ حیثیتِ مجموعی "جب حضور صلی اللہ علیہ وسلم آئے" تعمیرِ اذہان کی ایک حسین و

جمیل کوشش ہے۔

محمد متین خالد نے بڑی سعی و جستجو اور تلاش و تفحص سے ان تحریروں کو ایک جگہ فراہم کر دیا ہے جو مذکورہ بالا موضوع سے متعلق اردو کے بڑے اور نہایت ممتاز اہلِ قلم کا نتیجہ فکر ہیں۔ یہ ایک بڑا اور نہایت قابلِ قدر کارنامہ ہے جو محمد متین خالد نے انجام دیا ہے۔ بڑے بڑے مصنّفین کی تحریروں کو ایک کتاب میں سمیٹ لینا بڑا دقت طلب کام ہے اور جناب متین خالد نے اس کام کو تندہی اور فرض شناسی سے انجام دیا ہے۔ خوب صورت سرورق کے ساتھ سفید کاغذ پر کتاب اچھی طبع ہوئی ہے۔

***

الدین والحیاۃ - وزارت اوقاف مصر (شعبہ دعوت دین)

مبصر: عبدالمتین منیری

کتاب: الدین والحیاۃ (المجلد التاسع)

نشرات التوعیۃ الدینیۃ، من إعداد: الإدارۃ العامۃ للدعوۃ بوزارۃ الأوقاف بجمہوریۃ مصر العربیۃ۔ القاہرۃ

یہ کتاب جس کا تعارف آپ کی خدمت میں پیش کیا جارہا ہے، مصر کی وزارت اوقاف (شعبہ دعوت دین) نے الدین والحیاۃ کے عنوان سے ۱۹۷۰ء کی دہائی میں اوقاف کے تابع ائمہ مساجد، خطباء و مدرسین کے لئے تیار کردہ پمفلٹوں کے مجموعے کی (نویں جلد) ہے۔ یہ پمفلٹ عموما چالیس پچاس صفحات پر مشتمل ہیں، اور ان کا مجموعہ بیس جلدوں میں ہے۔

اس نویں جلد میں، ایمانداری اور قوموں کی ترقی پر اس کا اثر، عدل وانصاف اور امت کی زندگی پر اس کا اثر (۳ پمفلٹ)، صدقہ واحسان اور امت کی زندگی پر اس کا اثر (۳ پمفلٹ)، سچائی اور ایمانداری اور امت کی زندگی پر اس کا اثر (۳ پمفلٹ)، جھوٹ اور اس کا امت کی زندگی پر اثر (۲ پمفلٹ)، ایمان اور اس کے بارے میں اسلام کا موقف (۲ پمفلٹ)، نذر باندھنا اور اسلام کا اس کے بارے میں موقف (۲ پمفلٹ)، توکل اور اس کا امت کی زندگی پر اثر۔

سرسری طور پر دیکھا جائے تو محسوس ہوتا ہے کہ یہ کوئی ایسی اہم کتاب نہیں ہے، کیونکہ ان موضوعات پر مضامین کتابیں آسانی سے دستیاب ہیں، باوجود اس کے اس مجموعے کی اپنی ایک اہمیت ہے، جو درس و تدریس، وعظ وارشاد، اور دعوت دین کے میدان میں کام کرنے والوں پر بہتر طور پر آشکارا ہو سکتی ہے۔

دراصل اوقاف مصر کے سامنے ان پمفلٹوں کی اشاعت کا مقصد یہ ہے کہ ائمہ مساجد، اور واعظان کرام اور خطیب حضرات کو چونکہ دین سے وابستہ جملہ موضوعات پر دسترس ہونی چاہئے، ان کے لئے ایسا علمی مواد پیش کیا جائے جس بوقت ضرورت رجوع کر سکیں، اور فوری طور پر کوئی خطبہ تقریر یا درس تیار کرنے کی ضرورت پیش آئے تو بہت زیادہ کتابوں کی تلاش کی محنت نہ پڑے، اور ان کے سامنے پمفلٹ کی شکل میں ایسی مواد پیش کیا جاسکے جو طفل مکتب کے بجائے فارغین اور علماء کے معیار کا ہو۔ ان پمفلٹوں میں مندرجہ ذیل امور کا خیال رکھا گیا ہے۔

۔ اگر کوئی موضوع تین خطبوں کا متقاضی ہے تو اس کے لئے تین پمفلٹ تیار کئے جائیں۔

۔ ان کی حیثیت کتابوں اور مقالات کی نہ ہو، بلکہ اس میں موضوعات سے متعلق ضروری معلومات کے ساتھ اہم مراجع اور کتابوں سے اقتباسات پیش کئے جائیں، جن کی حیثیت حاصل مطالعہ کی ہو۔

ظاہری صورت میں تو یہ معمولی پمفلٹ محسوس ہوتے ہیں، لیکن اگر انہیں یکجا کیا جائے تو پھر یہ متنوع قسم کے دینی موضوعات پر ایک عظیم انسائیکلوپیڈیا کی شکل اختیار کر جاتا ہے، ایک واعظ و خطیب کے سامنے جب کوئی کتب خانہ دستیاب نہ ہو، اور ڈھیر ساری کتابوں کی تلاش کا وقت بھی نہ ہو، اب اس موقعہ پر ان کتابوں کا عطر مل جائے۔

اس کا اندازہ اس بات سے لگا سکتے ہیں کہ جلد نمبر (۹) پمفلٹ نمبر (۱۷۳) پر ختم ہوتا ہے۔ اگر عامۃ الناس کو درپیش (۵۰۰) موضوعات پر اس قسم کا کوئی مجموعہ مل جائے تو ایک واعظ و خطیب کو مصروفیت کے اس فضا میں کتنا ممد و معاون ثابت ہو سکتا ہے۔

۔ وہ ائمہ و واعظین جو مطالعہ سے جی چراتے ہیں، ان کے ہاتھ میں ایک مختصر علمی پمفلٹ کتاب بینی سے ان کے تعلق کو کٹنے نہ دے۔

اس ناچیز کو اس مجموعے کا پہلے پہل تعارف ایک ممتاز عراقی مفکر و داعی کے توسط سے ہوا تھا، جو ۱۹۷۶ء میں وزارۃ العدل والشؤون الاسلامیۃ والاوقاف (امارات) سے اس ناچیز کی وابستگی کے بعد ہمارے شعبہ کے مشیر بن گئے تھے، انہوں نے ۱۹۸۴ء میں اس سلسلے کی از سر نو اشاعت کا آغاز کیا تھا، اس وقت اس مجموعے کی تین جلدیں ان کے پاس تھیں، جنہیں ہمارے شعبے نے اس وقت شائع کی تھیں، اس وقت سے اس سلسلے کی جملہ بیس جلدوں کی تلاش ہے جس کے حصول میں ابھی تک ہمیں کامیابی نصیب نہیں ہوئی ہے، بس ایک دو مزید جلدیں دستیاب ہو سکیں ہیں۔

اس سلسلے کی دستیاب ایک جلد علم و کتاب واٹس اپ گروپ کے احباب کی خدمت میں خاص طور پر بطور نمونہ اسکین کر کے پیش کی جارہی ہے، اور اس کا داعیہ اس لئے پیدا ہوا ہے کہ گروپ پر عوامی معیار کی دینی اور مذہبی پوسٹوں کی ممانعت ہے، اس پر بعض احباب کو اعتراض ہوتا ہے کہ علماء کی مجلس میں دینی اور مذہبی مواد پر پابندی ہے، جب کہ محرم، ربیع الاول، رجب ، شعبان ، رمضان ، ذی الحجہ کونسا مہینہ ایسا ہے جس کی مناسبت سے وعظ وارشاد اور درس وبیان کے لئے کتابچوں اور علمی مواد کی ضرورت ہمارے علماء و خطیبوں کو نہیں پڑتی، ہماری ناقص رائے میں جس بزم میں فارغین علماء اور مفتیان کرام موجود ہوں ان میں ان کے معیار سے فروتر مواد پوسٹ نہیں ہونا چاہئے۔

اب ان کے معیار کا مواد خاص طور پر تیار کرنے کی ضرورت ہوگی، یہ محنت طلب اور منظم انداز سے کرنے کا کام ہے۔ اس کے لئے الدین والحیاۃ کا یہ مجموعہ بہترین نمونہ بن سکتا ہے۔

جہاں تک مواد جمع کرنے کا تعلق ہے تو اردو میں ایسے مواد کی کمی نہیں، تفسیر معارف القرآن، تفہیم القرآن، تدبر قرآن، علامہ شبلی اور سید سلیمان ندوی کی سیرت النبی، مولانا سید ابو الحسن ندوی کی ارکان اربعۃ، اور حضرت حکیم الامت تھانویؒ کے خطبات سے بڑی سہولت مل سکتی ہے، مولانا محمد علی کاندھلوی کی معالم القرآن بھی اپنے صفحات میں بڑا قیمتی مواد سموئے ہوئے ہے۔ الفرقان لکھنو، بینات کراچی جیسے مجلات میں بہت سارا مواد مل سکتا ہے، جنہیں منتخب کرکے اس مجموعے میں شامل کیا جاسکتا ہے۔

اس کے لئے پہلے اس قسم کا مواد منظم طور پر پی ڈی یف پر پوسٹ کیا جائے، پھر اللہ سہولت دے اور اس کی افادیت کی وجہ سے مقبولیت مقبولیت سے نوازے تو اسے مزید تنقیح وترتیب کے بعد زیور طبع سے بھی آراستہ کیا سکتا ہے۔ علمائے ازہر کا نصف صدی پیشتر فراہم کردہ ایک نمونہ آپ کے سامنے ہے، ضروری نہیں کہ یہ نمونہ سب سے اچھا ہو، لیکن اتنا ضرور ہے کہ پہلا نمونہ ہی سیڑھی کے پہلے پائدان کا کام انجام دیتا ہے، اس پر قدم رکھ کر ہی اوپری کی منزل پر پہنچا جاسکتا ہے۔

***

دستور مدینہ اور فلاحی ریاست کا تصور۔

ڈاکٹر حسن محی الدین قادری

مبصر: ڈاکٹر محمد سہیل شفیق

نام کتاب: دستور مدینہ اور کتاب: فلاحی ریاست کا تصور
(دستور مدینہ اور جدید دساتیر عالم کا تقابلی جائزہ) (جلد اول)
مصنف: ڈاکٹر حسن محی الدین قادری
صفحات: دو جلدیں (بالترتیب ۷۴۲ اور ۶۲۶)، قیمت: مکمل سیٹ ۴۵۰۰ روپے
ناشر: منہاج القرآن پبلی کیشنز، لاہور

دستورِ مدینہ ساتویں صدی عیسوی (۶۲۲ء) میں ہجرتِ نبوی ﷺ کے نتیجے میں ظہور پذیر ہونے والا ایک عظیم انقلابی قدم تھا، جس نے تاریخِ انسانی کا رخ بدل دیا۔ اس کی وجہ سے مختلف قوموں کو ایک وسیع تر سیاسی نظام میں باہم مل جل کر رہنے کے مواقع میسر آئے۔ رسول اللہ ﷺ نے دستورِ مدینہ کے ذریعے قبائلیت کے مابین عدم مساوات اور تنازعات کا خاتمہ کر کے انصاف اور مساوات کی بنیاد پر ایک وسیع ادارے یعنی مملکت کی بنیاد ڈالی۔ آپ ﷺ نے اس دستور کو نہ صرف یہ کہ خود تحریر کروایا بلکہ اسے ھذا کتاب من محمد النبی ﷺ قرار دیا۔ اسی دستورِ مدینہ کے نتیجے میں مدینہ منورہ

میں ایک فلاحی ریاست کا قیام ممکن ہوا، اور معاشرے سے ظلم، ناانصافی، عدم مساوات اور ایسی ہی دیگر خرابیوں کا سدباب ہوا۔

پیشِ نظر کتاب "دستورِ مدینہ اور فلاحی ریاست کا تصور" (دستورِ مدینہ اور جدید دساتیرِ عالم کا تقابلی جائزہ) ڈاکٹر حسن محی الدین قادری (چیئرمین، سپریم کونسل آف منہاج القرآن انٹرنیشنل) کا وہ تحقیقی مقالہ ہے جس پر انھیں مصر کی جامعہ الدول العربیۃ (Arab League University) نے پی ایچ۔ ڈی کی سند عطا کی ہے۔ ڈاکٹر حسن محی الدین نے اپنے اس مقالے میں دستورِ مدینہ کا کامل تجزیہ، تقابل، توضیح اور تشریح کی ہے اور امریکی و برطانوی اور دیگر مغربی دساتیر کے دستوری اصولوں کا دستورِ مدینہ سے تقابلی جائزہ لیا ہے۔ انھوں نے دستورِ مدینہ کی مکمل تخریج و تحقیق اور اس کا استناد و اعتبار ثابت کرتے ہوئے واضح کیا ہے کہ صرف دستورِ مدینہ ہی تمام آئینی و دستوری تقاضے پورے کرتا ہے اور اسی پر عمل پیرا ہو کر مسلم ممالک مثالی اسلامی فلاحی ریاستیں تشکیل دے سکتے ہیں۔

یہ تحقیقی مقالہ عربی، انگریزی اور اردو زبانوں میں شائع ہو چکا ہے۔ اردو زبان میں یہ تحقیقی مقالہ دو جلدوں اور قریباً ۱۳۶۰ صفحات پر محیط ہے۔ اس تحقیقی مقالے کے درجِ ذیل ۷ ابواب اور ہر باب کی متعدد فصول ہیں:

۱۔ عالمِ مغرب اور عالمِ اسلام میں قانون سازی کا ارتقاء، ۲۔ دستورِ مدینہ کی توثیق و تصدیق (روایات و دفعات کی تخریج اور راویوں کے احوال)، ۳۔ دستورِ مدینہ (تحقیقی جائزہ)، ۴۔ ریاست کے عناصرِ تشکیلی (دستورِ مدینہ اور جدید دساتیر کی روشنی میں)، ۵۔ دستورِ مدینہ اور جدید دساتیر میں نظامِ حکومت کے عمومی اصول، ۶۔ حقوقِ انسانی (دستورِ مدینہ اور جدید دساتیر کی روشنی میں)، ۷۔ ریاستی اختیارات (دستورِ مدینہ اور جدید دساتیر

کی روشنی میں)۔

اس محققانہ کاوش کو یہ امتیاز بھی حاصل ہے کہ فاضل محقق نے صرف تاریخی واقعات اور فقہی کتب ہی پر انحصار کر کے دستورِ مدینہ کی مختلف شقوں کو بیان نہیں کیا ہے بلکہ دستورِ مدینہ کی دفعات کی توثیقِ مزید کے لیے ہر شق کی موافقت میں قرآن و سنت، احادیثِ مبارکہ اور کتبِ سیر و تاریخ سے مزید شواہد درج کیے ہیں۔ مزید یہ کہ دستورِ مدینہ کی دفعات کا جدید دستوری اصولوں کے ساتھ تقابلی جائزہ اس دقتِ نظری سے پیش کرنے کی سعیِ جمیل کی گئی ہے کہ ان کے درمیان مشترک اور مختلف فیہ امور کی وضاحت ہو سکے۔ اس تقابلی جائزے کے لیے امریکی اور برطانوی دساتیر، اقوام متحدہ کے چارٹر اور یورپ کے معاہدات کو بطور نظیر پیش نظر رکھا گیا ہے، تاکہ ان کے نظام حکمرانی اور عہدِ نبوی ﷺ کے نظامِ حکمرانی کے درمیان مشترکات و تناقضات کو اجاگر کیا جاسکے۔ علاوہ ازیں فاضل محقق نے اس کتاب میں حضور اکرم ﷺ کی ریاستی پالیسی کے بنیادی اصول مفصلاً بیان کیے ہیں اور دستورِ مدینہ کو اسلامی سیاسی افکار کے ایک اہم مصدر و ماخذ کے طور پر پیش کیا ہے۔

اس تحقیقی مقالے میں دستورِ مدینہ کی ایک ایک شق کا قرآن و سنت کی روشنی میں جس گہرائی، گیرائی اور دقتِ نظر سے تجزیہ کیا گیا ہے وہ تحقیق و جستجو کی ایک عمدہ مثال ہے، جس کا بجا طور پر اعتراف عالمِ عرب کی ممتاز علمی شخصیات پروفیسر ڈاکٹر جمال فاروق محمود الدقاق (پرنسپل دعوہ اسلامیہ کالج، قاہرہ، مصر)، پروفیسر ڈاکٹر طٰہٰ حُبیشی (صدر شعبہ فلسفہ و عقیدہ، کلیہ اصولِ دین، جامعۃ الازہر، قاہرہ)، پروفیسر ڈاکٹر سعد سعد جاویش (پروفیسر علوم الحدیث، جامعۃ الازہر، مصر) اور ڈاکٹر رمضان الحسین جمعہ (پروفیسر آف شریعہ، کلیہ دارالعلوم، جامعۃ الفیوم، مصر) نے بھی کیا ہے۔

ڈاکٹر رمضان الحسین جمعہ لکھتے ہیں: "اس محتاط، سنجیدہ، عمیق اور جامع مطالعے سے محقق نے یہ ثابت کیا ہے کہ مدینہ منورہ کے وثیقے میں ایسے آئینی اصول موجود ہیں جنھیں موجودہ دنیا نے اپنایا ہے، جیسے: شہریت کا اصول، تمام ریاستی طبقات کی نمائندگی، سماجی یکجہتی، قبائلی و شخصی رسم و رواج کا احترام، جان و مال کا تحفظ، فرد کی عزت و تکریم کی حفاظت، اتحاد کا فروغ، عدل کا قیام، آزادیِ اظہارِ رائے کی ترویج، مختلف فیہ امور کا جانچنا، مجلسِ شوریٰ کا قیام، حکام کا تقرر، الغرض! ہر چیز کو شرح وبسط کے ساتھ فصیح و بلیغ پیرائے میں بیان کیا گیا ہے۔"

فلاحی ریاست کے حوالے سے دستورِ مدینہ اور جدید دساتیرِ عالم کے تقابلی جائزے پر مشتمل یہ ایک شاندار علمی و تحقیقی کاوش ہے، جس کے لیے فاضل محقق ڈاکٹر حسن محی الدین قادری لائقِ صد تحسین و قابلِ مبارک باد ہیں۔ کتاب بھی بہت سلیقے سے شائع ہوئی ہے۔

*****